Wladimir Woinowitsch · Zwischenfall im Metropol

Wladimir Woinowitsch

ZWISCHENFALL IM METROPOL

Meine erstaunliche KGB-Akte

Aus dem Russischen von Sylvia List

Piper
München Zürich

Der Text wurde erstmals unter dem Titel »Delo
No. 34840« in der Zeitschrift *Snamja*, Nr. 12/1993 ver-
öffentlicht. Eine Buchausgabe erschien 1994 im Verlag
Text, Moskau.

ISBN 3-492-03733-X
© Wladimir Woinowitsch, 1993
Deutsche Ausgabe:
© R. Piper GmbH & Co. KG, München 1994
Gesamtherstellung:
Offizin Andersen Nexö Leipzig GmbH
Printed in Germany

Inhalt

Vorbemerkung

Im folgenden wird von einem Anschlag berichtet, den das Staatssicherheitskomitee der UdSSR – das KGB also – 1975 verübt hat, und von den Bemühungen, ihn nachzuweisen, die den Autor fast achtzehn Jahre gekostet haben.

Der Autor hatte den Anschlag seinerzeit beschrieben, aber die erwartete Wirkung war ausgeblieben: Die einen hatten die Fakten als unglaubhaft abgetan, die anderen hatten sie aus Angst nicht geglaubt, und die dritten hatten sie nicht glauben wollen. Es war dem Autor ergangen wie dem armen Menschen bei Jack London, der von seinen Mitgefangenen gesteinigt wurde, weil er behauptete, die Weißen führen in eisernen Gefäßen übers Meer. Die Mitgefangenen wußten genau, daß Eisen nicht schwimmt.

Eine zusätzliche Erschwernis war damals, daß der Autor einige wesentliche Beweise nicht vollständig offenlegen konnte, um bestimmte Leute nicht zu gefährden, daß er einiges verschweigen mußte und seine weiteren Schritte lieber nicht laut hatte ankündigen wollen.

Da dieser Kriminalfall kürzlich seine Lösung gefunden hat und das frühere Schweigen niemandem mehr nützt, hat der Autor sich nunmehr entschlossen, die Geschichte als Ganzes zu schildern: die damaligen Ereignisse samt allen Begleitumständen, in allen Details und unter Einbeziehung der Dokumente, an die er im Zuge seiner Nachforschungen gelangt ist. Es ist ihm zuletzt doch gelungen, das Geheimnis zu lüften, das seinerzeit das KGB

und heute das Staatssicherheitsministerium Rußlands mit aller Macht zu wahren sich bemüht hatten.

Manzig zwanzig

Es war der 4. Mai 1975, Ostersonntag, der wie das
ganze Osterfest bekanntlich abgeschafft war. Für
die Ideologieabteilung des ZK der KPdSU lagen
die Daten äußerst günstig. Der 1. und 2. Mai waren
offizielle Feiertage, der 3. Mai war arbeitsfreier
Samstag, den nächsten arbeitsfreien Tag hatten sie
vom 4. Mai auf den 10. verschoben. Damit gaben
sie dem Volk die Möglichkeit, seine religiösen Ge-
fühle im patriotischen Taumel zu ersäufen und aus
Anlaß der Dreißigjahrfeier des Großen Sieges drei
Tage blauzumachen; gleichzeitig hatten sie zwecks
endgültiger Verwirrung den folgenden Tag, Sonntag, den 11. Mai, wiederum zum Arbeitstag erklärt.

Der Erfinder dieser Verschiebungen hatte vermutlich Dank geerntet, und sollte es der führende
Ideologe des Landes, Michail Andrejewitsch Suslow (wer erinnert sich heute noch an ihn?), gewesen sein, so war es sicher nicht ohne irgendeinen
Orden abgegangen.

Morgens um halb neun fing das Telefon ein-
schmeichelnd zu surren an.

Morgens halb neun – das ist eine Zeit, zu der
Leute unseres Schlags, halbe Bohemiens, einander
nicht aus dem Bett scheuchen. Wir gehen alle normalerweise spät schlafen und stehen spät auf. Und
am Abend zuvor war ich besonders spät ins Bett

8

gekommen. Kostja Bogatyrjow hatte uns eingeladen, weil ein Freund aus den Lagerjahren zu Besuch war. Obwohl Kostja nie Geld hatte, wurde bei ihm ständig etwas gefeiert: sein Geburtstag (vor zwei Monaten gerade sein fünfzigster), der Geburtstag seiner Frau Lena Suriz, der Jahrestag seiner Verhaftung oder Freilassung, irgendeine Veröffentlichung, sogar eine Büchersendung aus dem Ausland. Und nun war eben dieser Freund aus Donezk gekommen, der ungeachtet seines soliden Alters (über fünfzig) und imposanten Äußeren im engeren Kreis nur Grischka Agejew genannt wurde. Über ihn hatte ich von Kostja schon oft gehört: »Wenn Grischka einmal kommt, mußt du ihn unbedingt kennenlernen, der reinste Tschonkin. Übrigens hat er mir das Leben gerettet. Ein Strafgefangener wollte mir mit einem Brecheisen den Schädel einschlagen, und da ist Grischka dazwischengehechtet und hat das Brecheisen abgefangen. Aber das eigentlich Interessante an ihm ist: er ist der reinste Tschonkin.«

Und gestern hatte er also angerufen: »Wenn du Zeit hast, komm. Grischka ist da.« Ich sagte: »In Ordnung« und legte auf. Er rief noch einmal an: »Wenn du etwas zu trinken da hast, bring es doch bitte mit.«

Natürlich hatte ich etwas da. Meine ersten Veröffentlichungen im Westen trugen mir nicht nur Unannehmlichkeiten ein, sondern eröffneten mir auch für kurze (sehr kurze) Zeit den Zugang zum Berjoska-Shop, wo meine bescheidenen Honorarzertifikate für Spirituosen aller Art langten, die da-

9

mals noch sehr billig waren: eine Flasche Whisky oder Gin kostete etwa einen Zertifikatrubel, das entsprach eineinhalb Dollar.

Meine Frau Irina konnte nicht mitkommen, sie mußte unsere anderthalbjährige Tochter Olga hüten.

Ich griff mir also eine Dreiviertelliterflasche »Johnnie Walker«, damals noch etwas Ausgefallenes, und machte mich auf den Weg zu Kostja, der in der Krasnoarmejskaja uliza wohnte, hundert Schritt von uns entfernt.

Es waren noch die Zeiten, wo ausländische Besucher sich immer wunderten, daß die Russen, die sich doch ständig über ihr Leben und den Mangel an allem möglichen beklagten, Essen und Trinken in so unwahrscheinlichen Mengen auftischten. Im nachhinein, muß ich ehrlich sagen, wundert mich das auch. Kostja und Lena hatten wirklich überhaupt kein Geld, aber wenn man bei ihnen zum Abendessen eingeladen war, brach der Tisch unter der Vielzahl der Gerichte fast zusammen.

Am Tisch saßen diesmal, außer den Gastgebern, Wladimir und Larissa Kornilow und als Ehrengast mit Anrecht auf die leckersten Bissen Grigorij Agejew – kräftige große Statur, dunkelhäutiges unregelmäßiges Gesicht mit beschränktem und durchtriebenem Ausdruck. Unter dem Tisch befand sich noch jemand – der Foxterrier Proschka, den Lena irgendwo aufgegabelt hatte. Wie seine Besitzer war er ziemlich nervös, im Unterschied zu ihnen aber aggressiv, und reagierte manchmal auf seine Weise auf das Benehmen der um den Tisch

Sitzenden, fing unheilverkündend zu knurren an oder biß ohne jeden Anlaß einen der Gäste in den Fuß. Gewisse Grenzen schien er jedoch zu wahren: er biß das Schuhwerk nicht ganz durch.

Agejew saß am Kopf der Tafel, wie ein Geburtstagskind, hielt sich aber anfangs zurück, wirkte eher gehemmt, er war noch nicht richtig in Stimmung.

Es freute mich, von ihm zu hören, daß, zum Teil dank seiner Mundpropaganda, viele Leute in Donezk die drei BBC-Sendungen aus dem »Tschonkin« gehört hatten, daß einer seiner Freunde die Sendungen mit dem Tonband aufgenommen und nach diesem Tonband getippt hatte und den Text jetzt unter seinen Leuten verbreitete.

Kostja schenkte ein. Seine Hände zitterten, wenn er die Flasche über das Glas hielt. Seine Hände zitterten immer, seit er aus der Suchanowka herausgekommen war, einem Foltergefängnis, von dem es hieß, daß niemand darin durchhalten könnte; er aber hatte durchgehalten.

Wir tranken, aßen etwas, tranken wieder, und Kostja fing an, seinen Freund zu bearbeiten, von sich zu erzählen.

»Na, komm schon«, redete Kostja ihm gut zu. »Du trinkst noch einen und dann legst du los.«

»Muß das sein«, sträubte Agejew sich nur schwach, mehr pro forma. »Was gibt's denn da groß zu erzählen?«

»Erzähl, wie du ins deutsche Lager gekommen bist.«

»Wie wohl? Wie alle. Ich wohnte damals in Ro-

11

stow, ich war siebzehn und war eben zur Armee
einberufen worden. Sie hätten mich natürlich auch
nicht einberufen können, wegen politischer Unzu-
verlässigkeit. Meine Mutter war tot, und meinen
Vater hatten, so wurde mir gesagt, die Organe des
NKWD abgeholt. Aber das habe ich verheimlichen können. Ich wohnte bei meiner Tante und redete mit niemandem darüber, daß man meinen Vater abgeholt hatte. Im Gegenteil, ich paßte mich
an, mimte den normalen sowjetischen Jugend-
lichen und trug bei einem Künstlerabend sogar
Majakowskijs ›Gedicht über den sowjetischen
Paß‹ vor. Und eben weil ich der Sowjetmacht so
besonders ergeben war, durfte ich zur Armee. Obwohl ich erst siebzehn war und die Organe des
NKWD, was aber keiner wußte, meinen Vater abgeholt hatten. Aber allzu lange konnte ich meine
Heimat nicht verteidigen. Als die Deutschen gegen Rostow vorrückten, verschob Genosse Stalin
aus höchsteigenen strategischen Erwägungen
seine Truppen auf im voraus festgelegte Positionen, und zwar so, daß unsere gesamte Division mitsamt Kommandeuren und Kommissaren eingekes-
selt wurde. Na, unser Politruk sagte: ›Leute, wir
müssen sterben, lebend werden wir uns dem Feind
nicht ergeben.‹ Und dabei riß er sich schon die
Rangabzeichen vom Kragenspiegel, um auch nach
der Kapitulation am Leben zu bleiben.
  Also für mich war es natürlich leichter, sich
dem Feind lebend zu ergeben, ich war schließlich
kein Politruk und liebte die Sowjetmacht wirklich
nicht sonderlich. Ich weiß eigentlich nicht, warum.

Vielleicht, weil ich mich persönlich gekränkt fühlte. Ich war ja zu der Zeit schon Waise. Die Mutter tot und der Vater abgeholt. Was ich für mich behalten hatte, klar doch. Aber als die Deutschen mich in Gefangenschaft nahmen, mich ausfragten, wer ich sei usw., kapierte ich, daß ich nun nichts mehr geheimhalten mußte, im Gegenteil. Und auf die Frage nach meinen Eltern antwortete ich ganz direkt: Mutter, soundso, gestorben, Vater von den Organen des NKWD abgeholt. Bloß daß vorher die Sache mit meinem Vater gewissermaßen ein Minus war und jetzt ein Plus.«

Agejew hatte dem »Johnnie Walker« inzwischen gehörig zugesprochen, sein Gesicht war gerötet, und von Gehemmtheit war nun keine Spur mehr.

»Die Deutschen sonderten mich zunächst nicht aus, sie schickten mich ins Kriegsgefangenenlager bei Tichorezk. Da war ich also erst mal. Und dann merkte jemand, daß um mich herum immer ein Haufen Leute war. Denen habe ich Witze erzählt, über die Sowjetmacht, wie schlimm die ist, und die Leute lagen alle am Boden vor Lachen. Na, die Deutschen haben gleich gemerkt, daß ich jemand bin, auf den die anderen hören, eine Führerbegabung, und daß ich ihnen vielleicht nützlich sein könnte. Erst recht bei diesen biographiemäßigen Voraussetzungen: Vater von den Organen des NKWD abgeholt. Es verging also einige Zeit, und auf einmal wurde ich zum Lagerleiter gerufen. Da waren dann der Lagerleiter, noch irgendein SS-Mann und ein Dolmetscher. Wieder wurde ich ausgefragt, wer und woher ich war, wo meine Eltern lebten. Na, und ich sagte ihnen, wie es war: Mutter tot, Vater von den Organen des NKWD abgeholt.

›Wie stehst du zum Sowjetregime?‹ fragte mich der SS-Mann.

›*Jawoll*‹, antwortete ich, ›dem Sowjetregime stehe ich mit großer Ablehnung gegenüber.‹

›Schön‹, sagte er, ›wir schicken dich nach Königsberg, da ist eine Schule für russische Propagandisten, die bereit sind, gegen die Kommunisten zu kämpfen.‹

Sie schickten uns also nach Königsberg. Mich und noch einen. Wir bekamen eine deutsche Uniform ohne Schulterstücke, Dokumente und Essensmarken. Und fuhren los. Allein. Mit Umsteigen. An den Stationen waren überall Feldküchen für deutsche Soldaten und für solche wie uns. Kartoffelmus und Würstchen.

Allerdings ziemlich kleine Portionen. Die Deutschen beschwerten sich, daß es zu wenig war, aber uns machte es nichts, wir kriegten genug. Mein Kollege und ich hatten einen großen Eimer, und mit dem ging ich immer zum Koch und sagte: *Manzig zwanzig*, das hieß: für zwanzig Mann. Und er konnte mir doch nicht nicht glauben und mir, einem so netten jungen Mann, einfach eine Lüge unterstellen. Und machte den Eimer fast voll. Dann verzogen mein Kollege und ich uns schleunigst um die Ecke und verdrückten jeder zehn Portionen. So ließ es sich aushalten.«

Agejew erzählte mit so wüsten Grimassen, daß alle vor Lachen brüllten, am meisten Kostja, der dabei seine Stahlzähne sehen ließ, eine Reihe matt glänzender Patronen. »Manzig zwanzig«, wiederholte er hingerissen, von Lachen geschüttelt, als hörte er das zum erstenmal, und wischte sich die Tränen ab. »Und vor allem ist das wirklich wahr.«

»In Königsberg«, erzählte Agejew weiter, »kamen wir in ein Wohnheim. Jeder zukünftige Propagandist hatte ein eigenes Zimmer, wurde mit antisowjetischer Literatur eingedeckt und kriegte Lebensmittelkarten und Marken für den Friseur, fürs Kino und den Puff.«

Mit Rücksicht auf die anwesenden Damen erzählte Agejew nicht vom Puff. Dafür aber von der Prüfung, die er als künftiger antisowjetischer Politruk ablegen mußte.

»Ich komme ins Zimmer, am Tisch sitzen ein paar Offiziere und ein General. So ein richtig bedeutender General mit Monokel, genau wie im Film. Spricht russisch wie unsereiner. Fragt mich, wer und woher ich bin. Aus Rostow, sage ich, Waise, Mutter gestorben, Vater von den Organen des NKWD abgeholt.

›Sehr gut‹, sagt der General. ›Das heißt, nicht das ist gut, daß Ihr Vater von den Organen des NKWD abgeholt wurde, sondern daß Sie die richtige Auffassung vom Wesen der kommunistischen Macht vertreten. Und wie steht es mit Ihrem sonstigen Wissen? Interessieren Sie sich für Literatur?‹

›*Jawoll*, Euer Exzellenz‹, sage ich, ›sogar sehr.‹

Der General wechselt Blicke mit den Offizieren, alle nicken, alle sind zufrieden, was für einen gebildeten Menschen haben wir da aufgetan, sogar für Literatur interessiert er sich!

›Schön‹, sagt der General, ›dann lesen Sie also Bücher. Und wer, darf man fragen, ist Ihr Lieblingsautor?‹

›Majakowskij, Herr General.‹

Der General ist so verblüfft, daß ihm das Monokel mit einem Froschsprung aus dem Auge hüpft. ›Wer?‹ fragt er. ›Majakowskij?? Und welches seiner Werke mögen Sie am liebsten?‹

›Das Gedicht ‚Wladimir Iljitsch Lenin‘.‹

›Interessant‹, macht Agejew den General nach, ›hochinteressant. Und haben Sie auch Dostojewskij gelesen?‹

›Selbstverständlich, Herr General.‹

›Und was hat Ihnen von Dostojewskij am besten gefallen?‹

›Der Roman ‚Was tun‘*!‹« schrie Agejew, womit er im Jahre 1942 den deutschen General und im Jahre 1975 uns alle, die wir um Kostja Bogatyrjows Tisch saßen, niedermähte. Allen voran Kostja. Nur Proschka schien etwas zu mißfallen, er fing unterm Tisch leise warnend zu knurren an.

Es war klar, daß aus Grischkas Karriere als Propagandist nichts hatte werden können. Die Deutschen schickten ihn und seinen Kollegen wieder in ihr altes Lager, und die Rückreise war ziemlich abenteuerlich. Zuerst fielen sie ukrainischen Parti-

---

* Berühmter Roman Nikolaj Tschernyschewskijs, erschienen 1863, in dem die Veränderung der bestehenden gesellschaftlichen Verhältnisse gefordert wird. Zugleich Titel einer Kampfschrift W. I. Lenins aus dem Jahr 1902, der Tschernyschewskijs Roman zu seinen Lieblingsbüchern zählte. (Anm. d. Ü.)

sanen in die Hände, die sie als Moskowiter und Kommunisten gleich erschießen wollten. Grischka erzählte, wie sie ihm die deutschen Kalbslederstiefel auszogen und ihn barstrumpf zum Erschießen führten, aber er erzählte es so, daß wir Zuhörer wieder fast starben vor Lachen, Kostja sich den Bauch halten mußte und Tränen lachend wiederholte: »Das ist wirklich wahr! Wirklich wahr! Er denkt sich das nicht aus!«

Aber aus dem Erschießen wurde nichts, weil Grischka auf dem Weg zum Hinrichtungsplatz die Partisanen davon überzeugen konnte, daß er selber Ukrainer war und nur deshalb so schlecht Ukrainisch sprach, weil man ihn, nachdem der Vater abgeholt worden war, in ein Waisenhaus gesteckt hatte, wo die Moskowiter den Kindern verboten, die Sprache ihrer Heimat zu benutzen. Einer der Partisanen hatte Mitleid mit dem verwaisten jungen Menschen, sie ließen ihm sein Leben, gaben ihm die Stiefel wieder und behielten ihn in ihren Diensten, wo er etwas über zwei Monate blieb.

»Zum Schluß«, sagte Grischka, auf einmal ganz Würde, »hatten sie so viel Vertrauen zu mir, daß sie mir einen sehr verantwortungsvollen Auftrag gegeben haben, bei dessen Erfüllung« – auf seinem Gesicht malte sich Verdrossenheit – »ich abgehauen bin.«

Hier hielt Proschka es nicht mehr aus und schnappte nach Agejews Bein, was (da das Bein unversehrt blieb) einen neuerlichen Ausbruch des Gelächters hervorrief sowie die laut geäußerte

17

Vermutung, Proschka sei vielleicht ein KGB-Agent oder Vertreter der Zensurbehörde.

Agejew brachte seine Beine aus der unmittelbaren Reichweite des Untiers und fuhr mit der Schilderung seiner Abenteuer fort. Als er nach Rostow kam, war die Stadt von der Sowjetarmee zurückerobert, zu der er gleich wieder eingezogen wurde. Aber zu kämpfen war ihm nicht beschieden. Genau zu der Zeit wurden nämlich Leute für eine Leibgardistendivision Stalins ausgewählt. An der kaukasischen Küste standen Stalin mehrere Datschen zur Verfügung, die größte von ihnen am Riza-See. Diese Datschen sollte die neue Division bewachen.

»Für diese Division«, sagte Agejew sehr ernst, »wurde nur das Feinste vom Feinen ausgesucht, Leute mit idealen Fragebogen und lupenreinen Lebensläufen: nur aus Arbeiter- oder Bauernfamilien, auch in der entfernten Verwandtschaft nicht ein einziger Straffälliger, selber weder jemals unter deutscher Besetzung noch in Gefangenschaft, alles in allem also Leute, durchsichtig wie Glas … tja, darum haben sie mich wohl genommen …«

In dieser Division zum Schutz Stalins entstand (und Kostja schwor, auf Zeugen und Mittäter Agejews gestützt, daß auch dies die reine Wahrheit war) eine Untergrundgruppe, die sich die Tötung des Schutzobjektes zum Ziel setzte, sollte es in dieser Gegend auftauchen, um sich zu erholen und zu entspannen. Angeführt wurde die Gruppe vom Komsomolsekretär.

Ihr gehörten Gemeine, Sergeanten, Offiziere und Zivilisten an, unter ihnen auch einige junge

Frauen. Die Gruppe tüftelte verschiedene Pläne aus, von der Verminung der Straße bis zum Einsatz eines Scharfschützen. Und aus all diesen Plänen wurde nur deshalb nichts, weil Stalin während der monatelangen Existenz dieser Gruppe sich nicht ein einziges Mal auf einer seiner Datschen sehen ließ. In der Gruppe gab es nicht einen Denunzianten, und sie flog nur ganz zufällig auf. Und als das geschah, waren die Tschekisten einfach fassungslos, wieso ihnen eine so weitverzweigte Verschwörung hatte entgehen können.

Normalerweise, wenn *sie* sich schon einmal einen imaginären Straftatbestand zusammenreimen mußten, waren sie bestrebt, ihn auf alle erdenkliche Weise aufzublähen, um ihn schlimmer und größer aussehen zu lassen. Kostja zum Beispiel, der irgend etwas Negatives über Stalin gesagt hatte, wurde vor Gericht behandelt, als habe er ein Attentat begangen, das Urteil lautete zunächst auf Erschießen und wurde erst später in fünfundzwanzig Jahre Lager abgemildert. Doch der Fall Agejews und der anderen, die wirklich Stalins Ermordung geplant hatten und vor Gericht ihre Absichten in keiner Weise abstritten, war für die Tscheka-Leute ein solcher Schock, daß sie die Angelegenheit so weit wie möglich herunterspielten. Das oberste Kriegsgericht in Suchumi verurteilte niemanden zum Erschießen. Alle kriegten fünfundzwanzig Jahre. Gleichzeitig wurde die Division aufgelöst, die Fahne wurde ihr entzogen, die höheren Offiziere kamen entweder vor Gericht oder mußten den Abschied nehmen.

Gegen Ende des Abends hatte jemand Ostern erwähnt. Lena, die gläubig war, machte sich rasch fertig und brach zur Ostermette auf, die Kornilows gingen nach Hause, und Kostja und Agejew wanderten mit zu mir. Hier, nach dem Wechsel von Whisky zu Wodka, versuchte Agejew seine gereimte Fassung des »Anti-Dühring«* vorzulesen, und Kostja, von den Talenten seines Freundes entzückt, erzählte einmal mehr, wie dieser im Lager ein Miniatur-U-Boot erfunden und zu bauen versucht hatte, um damit durch irgendeinen Abwasserkanal in die Freiheit zu gelangen.

Es besteht der Wunsch, Sie zu sehen

Das Telefon rasselte, ich hatte es nicht eilig, den Hörer aufzunehmen, aber der Anrufer war geduldig und beharrlich.

Wäre Wladimir Maximow zu der Zeit nicht schon nach Paris übersiedelt, hätte ich gedacht, er müsse es sein. Ostern rief er immer vor allen anderen an und verkündete mit einer dem Anlaß unangemessenen düsteren Stimme: »Christ ist erstanden!« Womit er mich unfehlbar überrumpelte. Mein Hirn setzte sich sogleich hastig in Bewegung: wie? doch nicht schon wieder Ostern? was antworten? »Er ist wahrhaftig erstanden«? Und wenn ich nun an diesem »wahrhaftig« zweifelte? Und wenn ich viel-

---

* Deutsches Prosaoriginal von Friedrich Engels unter dem Titel »Herrn Eugen Dührings Umwälzung der Wissenschaft«, 1878. (Anm. d. Ü.)

leicht nicht einmal zweifelte, aber meine Zunge angesichts der Notwendigkeit, irgendwelche rituellen Formeln auszusprechen, stocksteif wurde? In der Armee hatte ich die Verwendung vorgeschriebener Floskeln wie »jawohl«, »sehr wohl«, »verstanden« immer umgangen, und anstelle von »ich diene der Sowjetunion« hatte ich bei einer Belobigung eigensinnig »danke« gesagt. Dafür wurde ich abgeführt und unverhältnismäßig schwer bestraft.

Ich bin im Grunde zeitlebens von jeglichem Reglement – ob der Sprache oder des Verhaltens – abgewichen, auch wenn ich mir damit mehr als einmal Ärger und Schwierigkeiten eingehandelt habe.

Es waren aber neue Zeiten bei uns angebrochen, und die Religion, nicht länger Opium fürs Volk, verdrängte im Bewußtsein vieler allmählich, aber unausweichlich die Fortschrittslehre, die Neophyten verrohten, und mir, der sich die Replik »Allzeit bereit!« nie zu eigen gemacht hatte, wurde nun vorgeschrieben, pioniermäßig klar und deutlich »Er ist wahrhaftig erstanden!« zu rapportieren, unter ausdrücklicher Beachtung der kirchenslawischen Spracheigentümlichkeiten.

Auf Maximows »Christ ist erstanden« pflegte ich zu antworten: »Grüß dich, Wolodja« – nicht, weil ich mich provoziert fühlte, sondern im Gegenteil aus Verwirrung.

Aber diesmal war es nicht Maximow, der anrief, sondern jemand mit einer leisen und verlegenen Stimme.

»Wladimir Nikolajewitsch? Hier ist das Staatssicherheitskomitee …«

Das Eindringen der *Organe* in mein Leben hatte ich schon seit längerem erwartet, in letzter Zeit um so mehr, als einige meiner Aktivitäten, ja sogar meine bloße Existenz, jenes idyllische Bild störten, das sich nach *ihrer* Vorstellung nach den von ihnen unternommenen Anstrengungen hätte ergeben sollen.

Zur beschriebenen Zeit hatten *sie* fast alles erreicht, was sie wollten. Das Dissidententum völlig abzuwürgen war nicht gelungen (und war auch nicht nötig, der Feind wurde schließlich gebraucht zur Vermehrung der Arbeitsplätze, zur Anhebung der Gehälter, zur Verleihung von Titeln, Orden und Prämien, dazu, leichter an eine Wohnung zu kommen und für liebe Verwandte und Kumpel ein warmes Plätzchen zu finden), aber in der Literatur sollte endlich Ruhe einkehren. Solschenizyn hatte man ins Exil geschickt, Maximow und Galitsch waren von selber gegangen, wen gab es da noch? Von den verbliebenen Schriftstellern war offenbar nunmehr ich für sie der Feind Nummer eins.

Man hatte mir verziehen, Aufrufe von Dissidenten mit unterschrieben zu haben, man hatte mir sogar die Möglichkeit gewährt, zwei Bände mit größeren Erzählungen zu veröffentlichen (bis dahin gab es von mir nur ein einziges schmales Bändchen), und ich hatte die milde Gabe ohne Dankeschön kassiert und mich tief in feindliche Aktivität verstrickt. Als erstes hatte ich meine Wohnung nicht ihrem allmächtigen Mitarbeiter, dem KGB-Obersten (ich dachte: General) Sergej Iwanko, überlassen, dann hatte ich Boris Pankin, dem Vorsitzenden der WAAP (etwa kein General?), einen offenen Brief geschrieben, hatte Solschenizyn verteidigt, war mit Krach aus dem Schriftstellerverband geflogen, und dann kam mein Hauptverbrechen: im Westen erschienen die »Denkwürdigen Abenteuer des Soldaten Iwan Tschonkin«. Schon gab es in Radio Liberty eine vollständige Lesung des Romans für die sowjetischen Zuhörer, die BBC brachte drei große Sendungen, Voice of America und Deutsche Welle gingen an der Novität auch nicht achtlos vorüber. Noch vor der russischen Ausgabe war die schwedische erschienen, die deutsche stand kurz vor der Auslieferung, Übersetzungen ins Englische und in weitere Sprachen waren in Arbeit.

Konnten *sie* das dulden?

Nein, aber sie hatten es versucht.

Bei meinem Ausschluß aus dem Schriftstellerverband hatte man die Taktik des Totschweigens gewählt. Es gab diesen Menschen nicht, und damit aus. Schluß. Daher das völlige Schweigen, und selbst die »Literaturnaja gaseta«, die ihre Leser sonst über alle Ausschlüsse auf dem laufenden hielt und erst kurz zuvor den Ausschluß Lydia Tschukowskajas mitgeteilt hatte, hatte für mich kein Wort übrig.

»Wissen Sie, wie es Woinowitsch geht?« fragten hie und da wißbegierige Ausländer einen der Sekretäre des Schriftstellerverbands. Der Sekretär legte dann die Stirn in angestrengte Falten und antwortete mit einer Gegenfrage: »Woinowitsch? Wer ist das?« Manchmal blätterte er sogar mit angefeuchtetem Finger in der Mitgliederliste und zeigte dem Fragesteller: Sehen Sie, den gibt es nicht.

Die Staatsmacht tat so, als gäbe es mich nicht, und ich tat so, als gäbe es sie nicht, ich kam damit mehr oder minder zu Rande, sie minder oder mehr nicht, im Gegenteil.

Und nun war der »Tschonkin« im Westen erschienen und sickerte von dort in Einzelexemplaren hier bei uns ein. Mit einem empörenden Umschlag: die geheiligte Gestalt des Genossen Stalin, in ein Kleid gezwängt. Sie wären nicht sie selbst gewesen, hätten sie das hingenommen.

Und daher: »...sicherheitskomitee. Mein Name ist Zacharow. Von unserer Seite besteht der Wunsch, Sie zu sehen. Wenn Sie ein paar Minuten Zeit hätten ...«

Ausschließlich pro forma, um auf meinem von niemandem bestätigten Recht auf Handlungsfreiheit zu bestehen, fragte ich, um was es denn gehe, und erhielt die erwartete Antwort, es handle sich um eine kurze, jedoch wichtige Angelegenheit, die sich natürlich keinesfalls am Telefon besprechen lasse.

Als ob uns jemand anderer als sie abhören könnte.

Die Dissidenten verfügten über im Samisdat verbreitete detaillierte Empfehlungen: Auf einen Anruf hin weder zum KGB noch zur Miliz noch zur Staatsanwaltschaft oder auf irgendein Gericht. Ausschließlich auf Grund einer Vorladung. Und in der Vorladung muß exakt angegeben sein in welcher Sache und in welcher Eigenschaft: als Verdächtigter, Beklagter oder Zeuge. Ich stimmte mit diesen Regeln völlig überein. Aber zugleich war ich neugierig und in meiner Neugierde ungeduldig. Ich dachte, wenn *sie* mich sehen wollen, dann erreichen sie das sowieso, doch während sie es zu erreichen suchen, spinnen sie mich in ihr Netz ein, und ich würde dieses Netz dann spüren und nicht wissen, wieso es da ist.

Kurz, ich sagte zu.

Kaum hatte ich aufgelegt, läutete das Telefon wieder, es war derselbe Zacharow.

»Wladimir Nikolajewitsch, wir haben eine Bitte. Erzählen Sie doch vorerst niemandem, daß Sie zu uns gehen. Danach können Sie verfahren, wie Sie wollen.«

»Was meinen Sie mit es niemandem erzählen? Auch meiner Familie nicht?«

»Nein«, kam es nach kurzem Stocken, »Ihrer Familie können Sie es natürlich sagen, aber es wäre uns eben vorerst lieber ohne breitere Öffentlichkeit. Wir unterhalten uns, und dann verfahren Sie, wie Sie wollen.«

Das Geheimnis ist der erste Verbündete des Kriminellen. Die Forderung, niemandem etwas zu sagen, verfolgt immer mehrere Zwecke. Erstens kann man mit einem Menschen, der zu einem geheimen Treffen kommt, all das tun, was in der Öffentlichkeit nicht möglich ist. Zweitens bedeutet das Versprechen, etwas geheimzuhalten, daß der Mensch sich auf bestimmte Beziehungen einläßt, mit denen man ihn später bei passender Gelegenheit erpressen kann.

Darum sagte ich dem Anrufer, ich würde meinen Besuch nicht vorab an die große Glocke hängen, ihn aber auch keineswegs als Geheimsache behandeln.

In mir kämpften Neugier, Sorge, die Angst, einen falschen Schritt zu tun, und die Angst um meine Angehörigen. Obwohl ich mir vorgenommen hatte, mir meinetwegen keine allzu großen Sorgen zu machen, war mir auch in dieser Hinsicht mulmig.

Ich muß dazu sagen, daß ich schon lange keine Illusionen mehr hegte, was den terroristischen Charakter des Sowjetregimes betraf. Seit ich es bewußt auf eine Zuspitzung meines Konflikts mit der Staatsmacht angelegt hatte, war ich mir darüber im klaren, daß dies sehr ernst war und daß es mit meiner Freiheit und sogar meinem Leben jede Minute zu Ende sein konnte. Ich hatte nicht den geringsten Zweifel, daß es für die Spitze der KPdSU und das KGB, romantisch umschrieben als Schwert der Revolution (ich hätte eher Beil gesagt), kein Verbrechen gab, von dem Gesetz oder Moral sie hätten abhalten können. Die einzigen Beschränkungen waren die physischen Möglichkeiten, die wechselnde Politik und die im jeweiligen Augenblick gegebenen Zweckmäßigkeitserwägungen.

Ich überschlug die fraglichen Varianten und kam zu dem Ergebnis, daß es angesichts des momentanen Flirts mit dem Westen zum gegebenen Zeitpunkt ungünstig für sie sein könnte, mich einzulochen, aber mir in einem finsteren Winkel eins überziehen – warum nicht?

Als ich am 20. Februar 1974 dem Sekretär des Schriftstellerverbands meinen Brief schickte (in Wirklichkeit galt er natürlich *ihnen*, das heißt jener unbestimmten Struktur, die *wir*, die dieser Struktur fremden Elemente, aus Gründen der Sprachkonvention als »Sowjetmacht« bezeichneten), hatte ich mir gesagt: Ich muß es so sehen, daß mein Leben mit diesem Tag endet. Ich habe nichts mehr zu befürchten. Und jeder Tag, der nach diesem kommt, ist ein Geschenk des Schicksals, das ich um so freudiger annehmen muß, als es der letzte Tag sein kann.

Eine Einstellung, die nur sehr bedingt für ein normales Leben taugt, aber meine Lage war weit davon entfernt, normal zu sein, ich befand mich im Kriegszustand mit dem Staat, und im Krieg wandelt sich die seelische Verfassung eines jeden Menschen.

Wer immer sich auf den Weg des Dissidententums begeben wollte und mich um Rat fragte (und das waren nicht wenige), dem riet ich mit der Begründung ab, da er Rat suche, stehe er noch nicht wirklich mit dem Rücken zur Wand. Und denen, die Beharrlichkeit zeigten, riet ich, keinesfalls auf Gewinn zu rechnen, sich nicht die leiseste Hoffnung auf einen günstigen Ausgang zu machen, weil in einer Situation wie der ihren Hoffnung Schwäche sei.

Meine Frau Irina begleitete mich. Am Eingang zum Empfangsgebäude des KGB (Kusnezkij most 24) verabschiedeten wir uns. Wir machten aus, wenn ich nicht binnen zwei Stunden wieder zu

27

Hause wäre, solle sie anfangen, die Auslandskorrespondenten anzurufen. Ich ließ mir von ihr drei Rubel als Zehrgeld geben. Sie bot mir mehr an, aber ich sagte, *dort* seien drei Rubel eine nette Summe, worin ich mich übrigens, wie mir ehemalige Lagerhäftlinge später erklärten, getäuscht hatte; drei Rubel sind auch dort nichts wert.

Im Empfangsgebäude kam ein rötlichblonder sommersprossiger, wohlgenährter Mensch auf mich zu, um die Dreißig, Ehering am Finger. Als er sah, daß ich nicht allein war, mimten seine sämtlichen Sommersprossen, seine Schultern und Ohren entsetzliche Verlegenheit. Es war ihm unangenehm, zeigte er überdeutlich, nicht nur mich, sondern auch meine Frau beunruhigt zu haben. Während er Ira noch seine befremdeten Grimassen und ein paar gezischelte Worte nachschickte (»Wirklich, Sie sollten sich keine Sorgen machen … aber … ganz wie Sie wollen …«), führte er mich in *ihr* Hauptgebäude, wo der kontrollierende Fähnrich lange verärgert herumknurrte, weil er mich mit meinem zerfledderten Führerschein nicht durchlassen wollte (den Paß hatte ich zu Hause vergessen), doch dann ließ er sich erweichen.

In einem schlichten Arbeitszimmer im achten Stock erwartete mich der vorgesetzte Kampfgenosse Zacharows, ein hochgewachsener Mann um die Fünfzig oder mehr. Längliches dunkelhäutiges Gesicht, Brille auf der krummen Nase, kurzgeschnittenes schwarzes Kraushaar.

Er kam hinter dem Tisch hervor, streckte mir mit breitestem Lächeln die Hand hin: Petrow, Ni-

kolaj Nikolajewitsch, sehr erfreut, Sie kennenzu-
lernen, schon lange mein Wunsch.

Auf dem Tisch lagen die Emigrantenzeitschrift
»Grani« mit meiner Erzählung »Brieffreundschaften«, die »Literaturnaja gaseta« mit dem Interview
mit Boris Pankin, eine Nummer der Pariser »Russkaja Mysl« und noch einige Zeitungsausschnitte,
Typoskripte, ein Plakat mit Patienten einer psychiatrischen Spezialklinik, unter ihnen auch ich.

Der Herr dieses Zimmers blickte mich wohlwollend an.

»Haben Sie jemandem gesagt, daß Sie zu uns
kommen?«

»Ja.«

»Ihrer Frau?«

»Nicht nur. Noch einigen anderen, deren Namen
Sie nicht zu wissen brauchen.«

Er lächelte.

»Sie haben kein Vertrauen zu den Organen?«

»Kein großes.«

»Und warum?«

»Das liegt an Ihrem Ruf.«

»Aber Wladimir Nikolajewitsch, merken Sie
denn nicht, daß wir uns ändern?«

»Ich weiß nicht. Vielleicht ändern Sie sich inner-
lich, aber äußerlich merkt man das nicht.«

Meine Worte bekümmerten ihn sichtlich, er fing
an mir zu beweisen, daß sie sich änderten, daß sie
überhaupt nicht mehr so waren wie früher, auch
wenn viele das nicht wahrhaben wollten.

»Nun ja«, sagte er schließlich versöhnlich. Die
Menschen waren eben undankbare Geschöpfe, die

das Gute nicht sahen, das man ihnen antat. »Wie haben Sie den Feiertag verbracht, Wladimir Nikolajewitsch?«

Ich überlegte blitzschnell. Welchen Feiertag? Meinte er Ostern? Das lag noch vor uns. Den 1. Mai? Den hatte ich erstens vergessen, und zweitens machte ich schon lange keinerlei Aufhebens mehr von Feiertagen, ob sowjetisch oder nicht sowjetisch (Neujahr/Weihnachten ausgenommen), und mir die Frage zu stellen, wie ich sie verbracht hatte, war vollkommen sinnlos. Unsere freundschaftlichen Besäufnisse waren zwar manchmal an feste Daten geknüpft, aber das waren dann Geburts-, Hochzeits- oder Todestage und ganz bestimmt keine offiziellen Jahrestage.

»Wozu wollen Sie wissen, wie ich den Feiertag verbracht habe? Sagen Sie mir lieber, wer Sie sind.«

»Ich habe es Ihnen schon gesagt: Petrow, Mitarbeiter des Komitees. Staatssicherheitskomitees.«

»Ich würde gern Stellung und Rang erfahren.«

»Wozu brauchen Sie das? Vielleicht sage ich es Ihnen nachher, je nachdem wie das Gespräch verläuft. Zunächst einmal wollen wir uns einfach unterhalten.«

In der Tat, was für einen Unterschied machte es, ob ich wußte, wer er war oder nicht? Er konnte mir weiß Gott was erzählen. Der Nachname zum Beispiel war sicher erlogen. (Ich kam damals irgendwie zu dem Schluß, Petrow sei ein Pseudonym, Zacharow aber der richtige Name; später stellte sich heraus, daß beide nicht stimmten.)

Ich zog meine Zigaretten heraus und fragte, ob ich rauchen dürfe.

»Soviel Sie wollen. Hier haben Sie einen Aschenbecher, machen Sie es sich bequem. Fühlen Sie sich wie zu Hause und vergessen Sie, wo Sie sind. Wenn Sie wollen, machen wir das Fenster ganz auf, damit Ihnen kühl ist, oder wir machen es ganz zu, damit Ihnen heiß wird.«

Der letzte Satz enthielt eine halbversteckte Drohung, aber ich reagierte nicht darauf, man hatte mich schon schlimmer erschreckt.

Nachdem ich mir eine Zigarette angesteckt hatte, legte ich die Packung auf das Tischchen neben mir. Ich rauchte bulgarische Zigaretten Marke »Inter« zum Preis von 35 Kopeken. Zacharow streckte die Hand nach der Packung aus: »Darf ich mir eine von Ihnen nehmen?«

Natürlich.

Noch immer dieses gönnerhafte Lächeln auf Petrows Gesicht.

»Ich sehe mir Ihre Hände an, Wladimir Nikolajewitsch. Das sind Arbeiterhände. Nicht die eines Schriftstellers.«

Wollte er mir damit schmeicheln?

»Ich schreibe aber mit diesen Händen«, sagte ich für alle Fälle.

»Ja, Sie schreiben damit, und trotzdem sieht man es ihnen bis heute an, daß es Arbeiterhände sind.«

Ich war begreiflicherweise auf der Hut. Wenn er damit andeuten wollte, daß diese Hände leichter den Spaten als die Feder handhaben konnten, war ich nicht einverstanden.

Er aber schlug weiter in diese Kerbe: als langjähriger Werktätiger hätte ich doch so einen gut sowjetischen Lebenslauf... »Wie konnte es passieren, daß Sie mit einem solchen Lebenslauf plötzlich außerhalb der Sowjetliteratur stehen?«

Hätte ich den Wunsch verspürt, ernsthaft und aufrichtig mit ihnen zu reden, hätte ich ihnen gesagt, daß gerade mein Lebenslauf die Hauptursache dafür war, daß ich die Sowjetmacht und die Sowjetliteratur nicht ausstehen konnte. Von meinen Anlagen war ich Intellektueller und wurde nur deshalb Arbeiter, weil man meinen Vater eingesperrt hatte, danach kam er als Invalide von der Front zurück, galt weiter als politisch unzuverlässig, bekam nur kleine Jobs bei kleinen Zeitungen und konnte mich nicht ernähren. Und gerade als Arbeiter und Soldat hatte ich gesehen daß das wirkliche Leben sich sehr stark von seiner Darstellung in der Sowjetliteratur unterschied.

Aber all dies wollte ich Petrow nicht auseinandersetzen und war bereit, mich mit ihm darüber zu wundern, daß es bei meinem Lebenslauf so weit mit mir hatte kommen können.

»Sie sind doch nicht etwa von denen dermaßen hineingezogen worden?«

»Wen meinen Sie mit ›von denen‹?«

»Zum Beispiel diejenigen, die Sie im Westen herausbringen und für Sie Reklame machen.«

Dies war der Zeitpunkt für den Gegenzug. Ich hatte mir in jenen Jahren die Taktik zu eigen gemacht, demjenigen, der mich von Staats wegen auszufragen hatte, zu antworten, sie seien selber schuld. Hättet ihr mich hier gedruckt, hätte ich mich nicht darum bemüht, dort gedruckt zu werden (und das wäre dann ja auch ganz unwesentlich gewesen). Würdet ihr die Leute nicht einsperren, könnte die westliche Presse gar nicht so lauthals Krach schlagen, und alles wäre wunderbar.

Ein solcher Ansatz war natürlich nicht ohne Hinterlist, aber er enthielt auch einiges an Wahrheit.

»Sehen Sie«, sagte ich zu Petrow, »in diese Situation bin ich nicht hineingezogen, sondern hineingestoßen worden.«

»Ja?« Er wurde lebhaft. »Von wem?«

»In erster Linie von der Leitung des Schriftstellerverbands.«

»Wie das?«

»Sie haben doch meine Interviews hier vorliegen, es steht alles darin.«

»Ja, hier steht…« Er schüttelte traurig den Kopf und gab zu verstehen, daß dort etwas Ungutes stand. »Aber Sie sind doch ein Sowjetmensch?«

»Das weiß ich nicht.«

»Was heißt, Sie wissen das nicht?«

»Ich weiß es eben nicht. Ich war es mal, aber jetzt weiß ich selber nicht, was ich bin.«

Die Begriffe »sowjetisch« und »antisowjetisch« hatten für mich längst jeglichen Sinn verloren, aber mich auf eine Diskussion darüber einlassen wollte ich auch nicht. Um so weniger als mir klar war: je weiter entfernt vom Begriff »sowjetisch«, desto näher am Strafgesetz.

»Nein, Wladimir Nikolajewitsch, Sie sind ein Sowjetmensch.«

»Meinen Sie? Ich hatte schon geglaubt, ich wäre es nicht.«

»Warum haben Sie das geglaubt?«

»Man hat es mir gesagt.«

»Wer?«

»Gerade im Schriftstellerverband, mehr als einmal.«

Petrow runzelte verdrießlich die Stirn. Mußte einen wirklich kümmern, was hier irgendwelche Dummköpfe von sich gaben? Was immer da irgendwer gesagt hatte, er, Petrow, hege nicht den geringsten Zweifel an meinem Sowjettum.

»Sehen Sie doch, das haben doch Sie geschrieben ...«, und er hielt mir einen der beiden von mir zur Verteidigung Sinjawskijs und Daniels unterschriebenen Briefe unter die Nase: »... Wir, von ganzem Herzen den Ideen des Sozialismus ergeben ...«

Ich erinnerte mich sehr gut, daß mir genau diese Zeile über die Ergebenheit von ganzem Herzen sehr unangenehm aufgestoßen war, als man mich um die Unterschrift für diesen Brief bat, aber ich wollte unbedingt, daß Sinjawskij und Daniel freikämen, und war bereit gewesen, alles zu unterschreiben, was dazu verhelfen konnte. Und das sagte ich nun auch Petrow. Fügte aber hinzu, daß seit dieser Unterschrift neun Jahre vergangen waren, daß ich in dieser Zeit eine Entwicklung durchgemacht hatte und jetzt dem Wort »Sozialismus« die nähere Bestimmung »mit menschlichem Antlitz« hinzusetzen würde. Das sagte ich damals, und heute ist es mir fast peinlich, das Gesagte zu wiederholen, aber auch damals habe ich schon im Anschluß gesagt und würde das in einer ähnlichen Situation heute wieder tun: Zeigen Sie mir einen Sozialismus mit menschlichem Antlitz und nicht mit einem Schweinsrüssel, und ich werde ihn mit Freuden annehmen. Um so mehr, als nach meiner Vorstellung (auch der heutigen) ein Sozialismus mit menschlichem Antlitz eine gemischte Gesellschaft ist, ein Sozialismus, in dem es genügend Kapitalismus gibt. Und Kapitalismus mit menschlichem Antlitz, das ist einer, in dem es genügend Sozialismus gibt, das heißt, es ist in etwa dasselbe.

Ich hielt mich an meine Taktik und ging daran, meinen Gesprächspartnern (und indirekt ihren Vorgesetzten, von denen vermutlich einige durchaus meiner Meinung waren) darzulegen, daß nicht diejenigen, die die Briefe unterschrieben, sondern diejenigen, die ihnen kein Gehör schenkten, an der Verschlechterung der Beziehung zum Westen und dem gesunkenen Ansehen der UdSSR schuld waren: Man hat Sie schließlich gewarnt, aber Sie haben nicht hören wollen, haben Sinjawskij und Daniel eingesperrt. Und? Was hat es genützt? Begreifen Sie jetzt vielleicht, daß man einen Schriftsteller nicht wegen seiner Bücher einsperren kann?

»Das heißt also« – Zacharow kicherte unsicher –, »einen Buchhalter kann man einsperren, einen Schriftsteller nicht?«

»Wenn der Schriftsteller etwas gestohlen hat, muß man es sogar. In der Leitung des Schriftstellerverbands gibt es derartige Leute. Mit denen sollten Sie sich befassen.«

Doch Petrow interessierte die Leitung des Schriftstellerverbands nicht, ihn interessierten meine brieflichen Exercises, darunter der offene Brief an Boris Pankin, den Vorsitzenden der WAAP, der Allunionsagentur für Autorenrechte.

Mitsamt dem Bestand an Schutzleuten und Schäferhunden

Die Geschichte mit dem Brief an Pankin muß ich näher erklären. Am 27. Mai 1973 trat die Sowjetunion der Genfer Urheberrechtskonvention bei und schuf eine neue Organisation: die Allunionsagentur für Autorenrechte, abgekürzt WAAP. Die Geburtshelfer dieser Institution verfolgten gleich mehrere Ziele: 1) die Autoren völlig staatlicher Willkür auszuliefern, die am wenigsten genehmen mundtot zu machen und die genehmeren zu bestehlen; 2) eine neue Futterkrippe (in Ministeriumsrang) samt den entsprechenden Pöstchen, Gehältern (zum Teil in Devisen), Wagen, Datschen usw. zu schaffen; und 3) diesen Verein als Deckmantel für sowjetische Spione zu benutzen, die in allen westlichen Hauptstädten sofort Büros eröffneten. Wie die Presseagentur »Nowosti« war auch die WAAP von Anfang an eine Filiale des KGB, und alle leitenden Posten waren mit KGB-Leuten besetzt.

Die Geburt der WAAP wurde in zwei Etappen verkündet. Zuerst erschien in der Presse eine Art Gründerliste mit Boris Stukalin an der Spitze, dem Vorsitzenden des Kommunistischen Staatsverlags, der sicher auch teilweise im Sold der Lubjanka stand; dann brachte die »Literaturnaja gaseta« ein Interview mit Boris Pankin.

Ich hatte mich zu einer Entgegnung auf das Interview entschlossen, weil es vor allem auf solche wie mich abzielte und weil ich damals, im Oktober 1973, einen Anlaß suchte, aus dem Schriftstellerverband auszutreten. Mein offener Brief ist zwar schon oft abgedruckt worden, doch um meinen Lesern die Mühe des Nachschlagens zu ersparen, bringe ich ihn hier noch einmal (und wer ihn kennt, mag ihn überspringen):

AN DEN VORSITZENDEN DER WAAP
An den Genossen Boris Pankin als Antwort auf sein Interview in der »Literaturnaja gaseta« vom 26. September 1973

Sehr geehrter Boris Dmitrijewitsch!
Offen gestanden war ich bis zum Erscheinen Ihres Interviews ziemlich beunruhigt, weil ich nicht begriff, um was es ging. Irgendein Gründungsrat hat ganz unverhofft irgendeine Agentur zum Schutz von irgendwelchen Autorenrechten geschaffen. Wozu?
Die Rechte der Autoren waren innerhalb unseres Landes schon früher geschützt, wenn auch manchmal auf eigenwillige Art. Im Ausland hingegen …
Genau das beunruhigte mich. Wer, dachte ich, sorgt sich vermutlich am meisten um den Schutz der Autorenrechte im Ausland? Höchstwahrscheinlich die, die dort am meisten gedruckt werden. Zum Bei-

spiel Alexander Solschenizyn, Wladimir Maximow, Andrej Sacharow und weitere sogenannte Dissidenten, wenn Sie mir den modischen Ausdruck verzeihen wollen. Es hätte nahegelegen anzunehmen, gerade sie in den Gründungsrat aufzunehmen. Als ich jedoch erfuhr, Genosse Stukalin sei zum Vorsitzenden dieses Rats gewählt worden, verwarf ich diese Annahme sogleich. Nein, sagte ich mir, einem solchen Rat vorzusitzen, wird Genosse Stukalin nie bereit sein.

Ihr Interview hat einiges geklärt, einiges aber noch mehr verwirrt. Einerseits ist es natürlich angenehm, daß in den Gründungsrat aus dem Kreis der Schriftstellergemeinschaft so starke schöpferische Individualitäten wie G. Markow, J. Wertschenko, S. Sartakow usw. eingetreten sind. Andererseits ist nicht ganz klar, wieso gerade sie mehr als andere um den Schutz der Autorenrechte besorgt sind. Denn an ihren Autorenrechten wird sich vermutlich außerhalb der Grenzen unseres Vaterlandes niemand vergreifen.

Mir sind die unsinnigsten Gedanken in den Sinn gekommen. Ich dachte, vielleicht hätten diese Schriftsteller, während ich ihre Arbeit nicht verfolgte, Meisterwerke von ungewöhnlicher Kraft geschaffen, die in Gefahr seien, dem Samisdat, dem Possev-Verlag oder Gallimard in die Hände zu fallen. Oder haben sie sich vielleicht aus reinem Altruismus zu Verteidigern fremder Rechte aufgeworfen?

Ich versuchte mir die Ziele der Agentur klarzumachen, die die genannten Genossen gegründet haben und an deren Spitze Sie stehen.

In Ihrem Interview sagen Sie, die Tätigkeit Ihrer Agentur werde ausgerichtet sein auf »die Verstärkung des Austauschs originaler Leistungen in verschiedenen Sphären des menschlichen Geistes«. Das Wort »originaler« war nicht hervorgehoben, aber ich habe es dennoch bemerkt. Ich hatte gedacht, daß es eine ziemlich langwierige Sache sei, die Originalität von Leistungen im Bereich des menschlichen Geists zu bestimmen. Manchmal gehen Jahre darüber hin, manchmal Jahrhunderte. Es steht zu hoffen, daß nun die Originalität einer Leistung unverzüglich bestimmt wird.

Von wem? Von Ihrer Agentur?

Da würde man gern die Kriterien erfahren. Können Solschenizyns Leistungen als originale gelten? Oder wird man jetzt den Leistungen des Genossen Wertschenko Originalität zusprechen?

In Ihrem Interview bemerken Sie richtig, daß es für den Autor des einen oder anderen Werks »lästig und unwirtschaftlich« sei, sich um den Schutz seiner Rechte zu kümmern. Indirekt geben Sie zu verstehen, daß es für den Autor äußerst lästig wird, wenn er sich im Fall einer Auslandspublikation nicht Ihrer Agentur als Vermittler bedient. In einem solchen Fall bricht der Autor offenbar das Staatsmonopol für den Außenhandel und wandert automatisch in die Kategorie der Straftäter.

Das ist ein verheißungsvoller Gedanke. Er birgt eine Reihe interessanter Möglichkeiten. Zum Beispiel folgende. Ein Autor, der sein Werk ins Ausland vergeben hat, wird selber zum Schutzobjekt. Der gleichzeitige Schutz der Autorenrechte und des

39

*Rechtsträgers ist das Allersicherste. Im Zusammen-
hang damit hielte ich es für zweckmäßig, an kom-
petenter Stelle darum zu ersuchen, Ihrer Agentur
die Leitung der Gefängnisse Lefortowo und Butyrki zu übertragen, mitsamt deren Bestand an
Schutzleuten und Schäferhunden. Dort könnte man
nicht nur die Autoren unterbringen, sondern auch
deren Rechtsnachfolger. Und insofern Ihre Agentur
den Bürgern jener Staaten, die sich der Genfer Konvention angeschlossen haben, dieselben Rechte zu-
sichert wie den eigenen Staatsbürgern, könnte man
diese Form des Schutzes auch auf sie ausdehnen.*

*Allerdings bedrückt mich dabei folgender Um-
stand: Ihre Agentur ist, nach alldem zu urteilen, eine
öffentliche Organisation, keine staatliche. Nun gehört aber das Monopol auf den Außenhandel dem
Staat und nur ihm – läuft damit nicht auch Ihre
Agentur das Risiko, selbst strafverfolgt zu werden?
Und wenn die Agentur zum Schutzobjekt wird, wie
soll sie dann anderes schützen können? Darüber,
meine ich, lohnt sich nachzudenken.*

Noch ein Vorschlag.

*Da Ihre Agentur beabsichtigt, allein darüber zu be-
stimmen, wann, wo und zu welchen Bedingungen
das eine oder andere Werk verlegt wird oder daß es
gar nicht verlegt wird, sollte diese rechtliche Beson-
derheit der Agentur auch im Namen deutlich gemacht werden. Ich schlage vor, sie künftig nicht
WAAP, sondern WAPAP zu nennen – Allunionsagentur zur Aneignung von Autorenrechten.*

*Nur ein Buchstabe mehr im Firmenschild, doch um
wieviel genauer ist der Sinn getroffen!*

Wenn man diesen Ansatz weiterentwickelt, ergibt sich als natürliche Folge die Aneignung nicht nur der Autorenrechte, sondern zugleich der Urheberschaft. In Zukunft sollte Ihre Agentur die Werke sowjetischer Autoren unter Ihrem Namen herausbringen und die Verantwortung für ihren künstlerisch-weltanschaulichen Gehalt tragen.

In dem Wunsch, mein persönliches Scherflein zu diesem interessanten Unternehmen beizutragen, bitte ich als den Autor dieses Briefs (und natürlich auch als den Inhaber der Autorenrechte) die Agentur WAPAP zu betrachten.

Mit dem Ausdruck vorzüglichster Hochachtung

Moskau, den 2. Oktober 1973 (Unterschrift)

Diesen Brief hatte ich geschrieben, während meine Frau in der Geburtsklinik lag und in ihren Gedanken nur mit dem beschäftigt war, was ihr unmittelbar bevorstand. Drei Tage, nachdem ich den Brief geschrieben hatte, wurde unsere Tochter geboren.

Die Beschreibung meiner Fahrten zu dieser Geburtsklinik hebe ich mir für ein andermal auf. Bei uns sind die Männer nicht bei der Geburt zugegen, sie werden aus Angst vor Infektionen nicht einmal in die Klinik gelassen, im Sommer stehen sie unter den Fenstern, um sich mit ihren Frauen zu verständigen, im Winter geht das nur über Zettel. Die Kinder werden ihnen durchs Fenster gezeigt. In unserer Geburtsklinik gab es allerdings eine Neuerung: sie zeigten einem die Kinder per Fernseher, die Bildqualität war schauerlich. Auf einem kleinen Schwarzweißbildschirm sah ich ein dünnhalsiges schwarzweißes Wesen, das verständnislos blinzelte und Ähnlichkeit mit einem Fisch im Aquarium hatte. Das Wesen hatte noch keinen Namen, und das blieb auch noch ein paar Tage so, während wir die Varianten durchprobierten, darum nannten wir es einfach Mädchen. »Wie gefällt Dir das Mädchen?« fragte Ira auf einem Zettel. »Und wie geht's sonst?«

Ich antwortete, das Mädchen sei bildhübsch, ganz der Vater, und ansonsten gehe es fabelhaft, aber davon, daß mein Brief schon zum wiederholten Mal in der Deutschen Welle gelaufen war, sagte ich ihr nichts und auch nicht, daß man mich aus dem Schriftstellerverband angerufen hatte, um zu erfragen, wann ich zu einem Gespräch mit dem Genossen Jurij Strechnin (übrigens gleichfalls KGB-Oberst) kommen könnte. Als ich bei diesem Menschen erschien, dessen Name mich immer an einen Giftschrank denken ließ, wußte er überhaupt nicht, wie er mit mir reden sollte, und versuchte durch tastende Fragen zu erkunden, ob ich nicht einen Dachschaden hätte.

Mein Brief machte auf unsere sogenannte Öffentlichkeit bemerkenswert großen Eindruck. Es war mir gelungen, das als pathetisch und hysterisch verschriene Genre des Offenen Briefs zu aktualisieren, indem ich als neues Element den Spott einführte.

Alle, die mir nahestanden, begriffen natürlich sofort, daß ich mit diesem Brief der Staatsmacht den Fehdehandschuh hingeworfen und einen Schritt getan hatte, dessen Folgen unabsehbar waren. »Wolodja«, sagte einer meiner Freunde zu mir, »dafür werden sie dich umbringen.«

Die Auslandssender brachten den Brief immer wieder, er wurde auch schon im Samisdat verbreitet, nur Ira, die kurz vor ihrer Entlassung aus der Klinik stand, wußte noch immer von nichts.

Zu der Zeit nahm der Lyriker Naum Korshawin von seinen Freunden für immer Abschied, weil er nach Amerika ausreiste. Ira rief ihn an, um sich wenigstens telefonisch zu verabschieden. »Irotschka!« schrie er. »Reg dich nicht auf, und hör vor allem nicht Radio!« Ira kam sein Rat nur komisch vor. Man mußte schon gar keine Ahnung haben von der seelischen Verfassung einer jungen Mutter und den Bedingungen in einer sowjetischen Geburtsklinik, um dort, in einem Mehrbettzimmer, das Radiohören für möglich zu halten, und dann noch eines »feindlichen« Senders, über Kurzwelle, mit dem Geheul der Störsender, aus dem man die menschlichen Stimmen nur heraushören kann, wenn man von einer Ecke in die andere rennt, den Empfänger an den Heizkörper oder ans metallene Bettgestell hält, ihn hin- und herdreht und überhaupt eine Unmenge alberner Bewegungen vollführt, die der Aufmerksamkeit eines Psychiaters würdig wären.

Der Brief hat aber seine Aufgabe erfüllt: Aus dem Schriftstellerverband flog ich Knall auf Fall hinaus, die Veröffentlichung des »Tschonkin« und die jetzige Vorladung waren spätere Folgen dieses Schritts.

Seit der Zeit waren anderthalb Jahre vergangen. Ich befand mich im KGB, der Brief lag als Sachbeweis oder Tatwaffe auf dem Tisch, und eine Bleistiftspitze bewegte sich langsam eine Zeile entlang.

»An dieser Stelle«, sagte Petrow, »regen Sie an, der WAAP die Leitung der Gefängnisse Lefortowo und Butyrki zu übertragen, mitsamt deren Bestand an Schutzleuten und Schäferhunden. Wie ist das zu verstehen?«

Ich erklärte: Es handelt sich um Satire, und wo Satire ist, ist Groteske. Im übrigen braucht man keine Groteske zu erfinden, unsere Wirklichkeit ist grotesk genug. Und der Erfinder dieser Groteske bin nicht ich, sondern Pankin. (Oder eigentlich: Marx, Lenin, Stalin und so weiter, aber am Ende der Kette steht dann doch Pankin.) In seinem Interview weist Pankin deutlich darauf hin, daß bei uns der Außenhandel ein Staatsmonopol ist. Wer sein Manuskript einem ausländischen Verleger gibt, durchbricht dieses Monopol und hat einige Unannehmlichkeiten in Form von Gefängnis und derartigem zu gewärtigen.

Zu diesem Punkt hatte es übrigens eine Reaktion auf meinen Brief gegeben (wenn auch natürlich nie eine direkte Antwort): Die von mir geäußerten Zweifel, ob eine öffentliche Organisation sich eines Staatsmonopols bedienen dürfe, hatte *sie* in unerwartete Bedrängnis gebracht. Mit all ihren Juristen waren sie darauf nicht vorher gekommen. Zu ihrem Leidwesen hatte ich recht. Und sie hätten zwar von einem Tag auf den anderen (wer die Macht hat, hat das Recht) eine staatliche Agentur werden können, aber dann hätten die übrigen Unterzeichner der Konvention sie nicht anerkannt.

Auf alles gefaßt

Wir redeten noch etwas über die WAAP und kamen dann auf meine Schriften. Wie sich herausstellte, verfolgten meine neuen Bekannten seit langem und mit bohrendem Interesse alles, was ich schrieb. Petrow erzählte eine witzige Stelle aus meinem Stück »Zwei Genossen«, mein bestes Werk aber sei der »Tschonkin«, ganz zweifellos. Natürlich sei er kein Spezialist, sondern nur Durchschnittsleser. Aber das Buch habe ihm gefallen. Sehr sogar. Er erkundigte sich nach der Fortsetzung.

»Schreiben Sie am dritten Teil?«

»Den dritten habe ich schon geschrieben.«

In Wirklichkeit schrieb ich noch daran. Aber ich sagte etwas anderes, damit sie nicht danach suchten und nicht versuchten, mich zu behindern. Sie sollten meinen, sie seien zu spät gekommen. Doch dem war leider nicht so. Das Manuskript war unfertig, und das einzige Exemplar – typisch für den Leichtsinn des Verfassers – lag bei ihm zu Hause auf dem Tisch.

»Und handelt der dritte Teil auch von den Organen?«

»Nein, von etwas anderem.«

»Es ist mir eigentlich auch ganz gleich. Von Beruf bin ich ja Konstrukteur …«

Alle KGB-Leute, denen ich begegnet bin oder von denen ich gehört habe, waren Leute mit bescheidenen, aber idealen Berufen: Ingenieure, Konstrukteure, Piloten, was immer, nur eigentlich keine KGB-Leute. Die Partei hatte sie vorübergehend an einen schwierigen Frontabschnitt gestellt, mit weiß der Teufel was mußte man sich da abgeben, doch die Seele zog es zurück zu Reißbrett und Steuerrad.

»… bin ich ja Konstrukteur. Aber ich lese gern Bücher. Und als Leser sage ich, schade. Schade, daß Ihr Buch im Westen erschienen ist.«

»Als ob es hier hätte erscheinen können.«

»Wieso, vor achtzehn, zwanzig Jahren wäre das möglich gewesen.«

Ich subtrahierte in Gedanken achtzehn bzw. zwanzig von fünfundsiebzig. Aber weder 1957 noch 1955 erschienen mir passend für eine Veröffentlichung des »Tschonkin« (erst recht nicht für seine Niederschrift).

»Gerade das wollte ich Sie fragen. Sie veröffentlichen im Westen. Haben Sie denn überhaupt nicht den Wunsch, hier gedruckt zu werden?«

Ich zuckte die Achseln.

»Drucken Sie mich, ich habe nichts dagegen.«

»Ja, aber wir leiten doch keine Verlage …«

»Sie leiten alles.«

Beide lachten. Ich solle ihre Möglichkeiten nicht überschätzen. Aber irgendwo könnten sie natürlich helfen.

Zacharow langte wieder nach meinen Zigaretten und fragte, ob er dürfe. Ich sagte »ja« und schob ihm die Schachtel hin.

»Allerdings«, sagte Petrow, »ist da noch Ihr Brief an das Sekretariat des Schriftstellerverbands ...«

... An dieser Stelle muß nun dieser zweite Brief eingefügt werden, obwohl auch er schon früher veröffentlicht wurde, aber er gehört hierher und ist auch in gewissem Sinne die unmittelbare Fortsetzung des ersten. Denn der Brief an Pankin gab den Anstoß zu meinem endgültigen Ausschluß aus dem Schriftstellerverband, übrigens eine ziemlich mühsame Prozedur: Zuerst das bereits erwähnte Gespräch mit Strechnin, dann unter Vorsitz von Georgij Radow eine gemeinsame Sitzung des Büros der Vereinten Prosaschriftsteller und der Aktivgruppe und schließlich die auf den 20. Februar angesetzte geschlossene Sitzung des Sekretariats Moskau des Schriftstellerverbands. Diese wie auch die anschließende Sitzung – des RSFSR-Sekretariats des Schriftstellerverbands – fanden unter solcher Geheimhaltung statt, daß keiner der Teilnehmer bis heute etwas darüber verlauten ließ; da ich das Protokoll mit ihren Namen besitze, weiß ich, was ich vom Verhalten dieser Kollegen und von ihren anderslautenden Beteuerungen zu halten habe.

Am 20. Februar, eine halbe Stunde vor Beginn der Sitzung, die sich mit meiner Person befassen sollte, erhielt das Sekretariat folgenden Brief von mir:

AN DAS SEKRETARIAT MOSKAU DES
SCHRIFTSTELLERVERBANDS DER RSFSR
Ich komme nicht zu Ihrer Sitzung, weil sie bei geschlossenen Türen und unter Geheimhaltung stattfindet und damit gesetzwidrig ist und ich mich

an keiner gesetzwidrigen Handlung beteiligen möchte.

Es gibt nichts, über das wir reden oder streiten könnten, denn ich sage meine Meinung und Sie das, was man Ihnen befohlen hat.

In seiner derzeitigen Zusammensetzung ist das Sekretariat kein demokratisch gewähltes Organ, sondern ist dem Schriftstellerverband lediglich über zweitrangige außenstehende Organisationen verbunden. Ich kann weder das Sekretariat im ganzen noch ein einzelnes seiner Mitglieder als Autorität in künstlerischer, erst recht nicht in ethischer Hinsicht akzeptieren.

Zwei, drei ehemalige Schriftsteller, und wer sind die übrigen? Schauen Sie einander an – Sie wissen doch ganz genau, was Ihr Sitznachbar oder Ihr Gegenüber schreibt. Von einigen steht auch unzweifelhaft fest, daß sie überhaupt nicht schreiben.

Ich bin bereit, eine Organisation zu verlassen, die sich unter Ihrer aktiven Mitwirkung von einem Schriftstellerverband zu einem Beamtenverband gewandelt hat, wo Zirkulare in Form von Romanen, Stücken oder Gedichten als literarische Musterbeispiele ausgegeben werden und über ihre Qualität nach dem Dienstrang des Verfassers geurteilt wird.

Verteidiger des Vaterlands und Patrioten! Kommt Ihr Patriotismus das Vaterland nicht allzu teuer zu stehen? Erhalten doch manche von Ihnen für ihre grauen und langweiligen Werke so viel, wie die von Ihnen besungene Landbevölkerung nicht einmal als gesamte Kolchose verdient.

Sie sind ein Verband Gleichgesinnter... Der eine hat die Parteikasse bestohlen, der andere eine staatseigene Datsche verkauft, der dritte hat Genossenschaftsgelder auf sein persönliches Sparbuch gelegt* ... Ich kann mich nicht erinnern, daß in den zwölf Jahren meiner Zugehörigkeit zum Verband auch nur einer dieser Herren ausgeschlossen worden wäre.

Aber es braucht einer nur ein ehrliches Wort zu sagen (oder auch nur einfach zu schweigen, wenn die anderen lauthals schreien), und schon erfolgt Bestrafung auf allen Ebenen: der fertige Satz des Buchs, an dem er jahrelang gearbeitet hat, wird weggeworfen, das Theaterstück verboten, der Film nach seinem Drehbuch wandert ins Regal. Und danach total prosaische Mittellosigkeit. Ein Jahr lang bekommt man keine Kopeke, das zweite Jahr genauso, man hat sich verschuldet, hat von seiner Habe alles verkauft, was nur möglich war, und wenn es einem dann ganz dreckig geht und wenn man in diesen zwei Jahren kein unvorsichtiges Wort gesagt hat, dann lassen Sie sich vielleicht herab und schenken einem zwei-, dreihundert Rubel aus dem Literaturfonds, um einem anschließend ein Leben lang vorhalten zu können: »Wir haben dir geholfen, aber du ...«
Ich brauche keine Hilfe, ich bin kein Bettler. Ich habe Leser und Zuschauer. Stellen Sie sich nicht zwischen sie und mich, und ich werde Ihrer Hilfe nicht bedürfen.

---

* Anspielungen auf konkrete Verfehlungen der damaligen Sekretäre. (Anm. d. Verf.)

Ich komme nicht zu Ihrer Geheimsitzung. Ich bin
zur Auseinandersetzung mit Ihnen bereit – auf jeder
öffentlichen Versammlung von Schriftstellern oder
auch, wenn Sie wollen, von Arbeitern. Im Namen
der Arbeiter fallen Sie über mich her, und dabei war
ich, im Unterschied zu der Mehrzahl von Ihnen, sel-
ber Arbeiter. Mit elf fing ich mein Arbeitsleben als
Kälberhirte auf der Kolchose an. Ich habe gepflügt,
auf Baustellen Mörtel geknetet, in der Fabrik an der
Maschine gestanden. Vier Jahre habe ich als Soldat
in der Sowjetarmee gedient. Wie Sie mich auf einer
öffentlichen Versammlung als imperialistischen Hai
oder Agenten eines ausländischen Spionagediensts
darstellen wollen, würde ich gerne sehen.
Ihre Waffe ist die Lüge. Sie haben den größten Bür-
ger dieses Landes verleumdet und geholfen, ihn zu
vertreiben. Sie glauben, daß es nun Ihnen gemein-
sam gelingt, seinen Platz einzunehmen? Irrtum!
Von Ihnen werden die Plätze in der großen russi-
schen Literatur noch lange nicht vergeben. Und kei-
ner von Ihnen wird auch nur einen einzigen Platz in
ihr ergattern, auch nicht in der allerletzten Reihe.

(Unterschrift)

»Also«, sagte Petrow, »Sie schreiben da, daß Sie
auf einer öffentlichen Arbeiterversammlung auftreten könnten und beweisen würden, daß Sie kein
imperialistischer Hai ... aber das behauptet doch
niemand ... Aber das zweite, das mit dem ausländischen Spionagedienst ... darüber läßt sich streiten. Ich meine, jetzt hätten Sie in einer solchen
Versammlung einen schweren Stand.«

»Auch wenn ich alles sage, was ich will?«

»Ja. Sie sagen das Ihre und wir das Unsre.«

»Das sollten wir probieren. Aber ich fürchte, Sie würden sich nicht darauf einlassen.«

»Das kann man nicht wissen.«

»Soll das eine Drohung sein?«

»Wer droht denn hier? Aber, aber, Wladimir Nikolajewitsch!«

»Ich widerspreche nicht. Drohen Sie ruhig. Nur nehmen Sie zur Kenntnis, daß ich auf alles gefaßt bin.«

»Worauf gefaßt?« fragte Petrow interessiert.

»Auf alles«, antwortete ich, um ihnen nicht etwa auf die Sprünge zu helfen. Mir war schon damals klar, daß sie, wenn sie einen Menschen brechen wollten, das nie von jener Seite angingen, von der er es erwartete (was sich auch in meinem Fall bestätigte).

»Und konkret?«

»Konkret auf alles.«

»Notgepäck beisammen, was?« lachte Zacharow und angelte die nächste Zigarette aus meiner Packung.

»Aber sicher.«

Beide mußten lachen. Meine primitiven, überholten Vorstellungen vom KGB als einer unheilvollen finsteren Macht waren einfach zu lachhaft. Natürlich arbeiteten auch hier unterschiedliche Leute, vielleicht wirklich nicht alles nur gute Menschen, aber im großen und ganzen war das KGB doch eine sehr humane Organisation, die ausschließlich im gesetzlichen Rahmen tätig wurde.

Daran nun zweifelte ich. Ich führte ihnen einige Beispiele dafür an, daß sie den Rahmen überschritten hatten. Ich sagte etwas von Gefängnis, Lager, Nervenheilanstalten. Petrow hörte mir wohlwollend zu, Zacharow hingegen zeigte offene Verwunderung. Seine Vorstellung vom KGB war wohl sehr verschieden von meiner. Überhaupt benahm er sich zurückhaltend, wurde schnell verlegen und vor Verlegenheit kicherte er andauernd. »Ich bin zwar noch recht, hihi, jung«, war so eine typische Äußerung, »vielleicht verstehe ich deshalb noch vieles, hihi, nicht ganz, aber ich liebe unsere Partei und unsere Regierung und kann nicht begreifen, wie man, hihi, sie so unwürdig und unschön darstellen kann.«

Wir kamen auf Solschenizyn zu sprechen. Im Brief an das Sekretariat des Schriftstellerverbands hatte ich ihn den »Größten« genannt und damit allzu hoch gelobt …

»Halten Sie ihn etwa wirklich für den Größten?«

Was den »Größten« betraf, so hatte ich selber gewisse Zweifel. Mit diesem Epitheton hatte ich *sie*, in diesem Fall die Verbandsbosse, auf ihren Platz verweisen wollen – wer seid ihr denn, ihr Pygmäen, im Vergleich zu dem »Größten«? Nachdem ich den Brief bereits abgeschickt hatte, las ich ihn noch einmal und wurde unsicher. Was hieß denn »der Größte«? Der Größte aller Großen? Tolstoj war groß, Shakespeare war groß, warum hier der Superlativ? Hätte ich damals »den Großen« geschrieben, wäre das passend, wenn auch vielleicht noch immer etwas zu hoch gegriffen gewesen, zumindest müßte ich jetzt keine Erklärungen suchen. Nachdem mir dies einmal passiert ist, vergebe ich Attribute an andere auch noch so verdienstvolle Zeitgenossen nur noch mit großer Vorsicht.

Aber konnte ich damals dermaßen heikle Zweifel diesen Krokodilen mitteilen? Auf gar keinen Fall, doch für mich selbst blieb das Problem ungelöst. Ich hatte mich schließlich vom Schriftstellerverband losgesagt, es auf den Bruch mit dem Staat angelegt, für mich und meine Familie damit große Unannehmlichkeiten und mehr als das heraufbeschworen, und weshalb? Um die Wahrheit zu sagen. Aber in diesem Fall, so zeigte sich, ging das nicht. Es gab eine Reihe von Namen, die nur in einem positiven Kontext erwähnt werden durften, weil es sonst nur *ihnen* zupaß kommen würde, und wenn einer gesagt hätte, daß ihm diese oder jene Worte oder Taten Solschenizyns, Maximows, Schafarewitschs oder Pater Dudkos nicht gefielen, hätte unsere ganze progressive Öffentlichkeit angefangen zu tuscheln, einander ins Ohr zu flüstern, daß das ja gar nicht wirklich seine Meinung sei, sondern daß er das nur sage, um *ihnen* damit einen Gefallen zu tun. Und *sie* hätten es auch so aufgefaßt. Wenn ich also irgendwelche Seiten las, die mir nicht gefielen, auch aus dem »Archipel Gulag«, durfte ich das nicht laut sagen, um nicht *ihnen* in die Hände zu spielen. Schafarewitschs Werk erscheint mir heute, 1993, in vielem einfach schwachsinnig, aber damals ...

Etwa anderthalb Jahre vor dieser Gesprächs-

situation hatte man mich in einem Dissidenten-
haus neu eingeführt, die Gastgeberin erkundigte
sich freundlich lächelnd nach meinen, wie man so
sagt, schöpferischen Plänen und stellte dann im
Zuge der Abgleichung unserer Ansichten (der
ideellen Ansichten natürlich) plötzlich die Frage:
»Aber Maximow ist doch wirklich ein sehr guter
Schriftsteller, nicht?«

Ich war selbstgefällig genug zu meinen, daß ich
als Experte angesprochen war (immerhin war ich
Spezialist auf dem betreffenden Gebiet, die Gastgeberin nicht) und bemühte mich, die Wertung etwas mehr der Realität anzunähern: »Er ist nicht
schlecht«, sagte ich leicht verlegen. Die Augen der
Dissidentin loderten auf wie ein Flammenwerfer,
und mir wurde das alleingültige und einzig mögliche Urteil verkündet: »Maximow ist ein grrroß-
artiger Schriftsteller!« Die freundschaftliche Atmosphäre war dahin, ich sah ganz klar, daß man hier
noch lange meines verfehlten Ausspruchs gedenken würde, stand auf und erntete ein kühles
Nicken für mein »Auf Wiedersehen«.

Als ich jenes Haus verließ, befiel mich der Gedanke, daß mir ein noch komplizierteres Leben bevorstand, als ich vorausgesehen hatte, und damit
hatte ich, wie sich später erwies, nur allzu recht. Jeder Kreis, in den mich das Schicksal verschlug,
hatte seine eigene Ideologie, seine eigenen Werte,
Schablonen, Verhaltens- und Sprachregeln, die
man beachten mußte, überall verlangte man von
mir die Wahrung der in dem Kreis üblichen Ri-
tuale, Verneigung vor den jeweiligen Göttern, über-

all wurde darauf bestanden, daß meine Meinung mit derjenigen übereinstimmen müsse, die im jeweiligen Augenblick in diesem Kreis als die einzig richtige und fortschrittliche galt. Und da meine Meinung oft genug nicht mit der allgemeinen übereinstimmte, wurde ich mein ganzes Leben lang korrigiert, zurechtgewiesen, bekam vorgeschrieben, was ich von dieser oder jener Sache zu halten hätte, und im Falle einer Abweichung von der Vorschrift reagierten die Inhaber der Macht mit Strafen, und die keine Macht hatten verfluchten mich mündlich, schriftlich und in gedruckter Form.

Besonders heftig schlug die Fortschrittsseite wegen des Sim Simytsch in »Moskau 2042« auf mich ein – 1987, als ich längst im Exil war. Alle erkannten in der Figur sofort Solschenizyn und fragten, wie ich es wagen könne. Ich antwortete: das ist nicht Solschenizyn, sondern ein verallgemeinerter Typus. Meine Kritiker widersprachen: kein verallgemeinerter Typus, sondern eindeutig Solschenizyn. Wieso, ist er ihm ähnlich? fragte ich. Nein, überhaupt nicht! Wie haben Sie ihn dann erkannt? Diese Frage brachte die Kritiker zunächst immer etwas aus der Fassung, aber dann schlugen sie eine Volte und fragten, ob mir denn nicht klar sei, auf wessen Mühlen ich hier Wasser leitete. Damals aber, 1975, leitete ich das Wasser auf die richtigen, die progressiven Mühlen.

»Halten Sie ihn etwa wirklich für den Größten?« fragte mich jener, der Petrow genannt werden wollte.

»Natürlich, was sonst?«

Dir Scheißkerl werde ich gerade meine Zweifel anvertrauen.

»Aber wieso ist er der Größte?« ereiferte sich Petrow. »Wie kann er der Größte sein, wenn er – wissen Sie das nicht? – das Erscheinen Ihres Buchs verhindern wollte?«

Iwan Tschonkin und Nikita Struve
Auch hier bedarf es wieder eines kleinen Exkurses.

Als ich mich 1973 entscheiden mußte, welchem Verlag ich den »Tschonkin« geben wollte, hatte ich nur die Wahl zwischen dem Possev-Verlag in Frankfurt und YMCA-Press in Paris. Possev hatte zwei offensichtliche Mängel: Erstens war es der Verlag des NTS (Nowyj Trudowoj Sojus), einer stramm antisowjetischen politischen Partei, die die Literatur nur zur Unterstützung ihrer Propaganda brauchte, was mir mißfiel. Das zweite Manko: Sie bestanden auf den Weltrechten (mit einem Verlagsanteil von 30%), wovon ich nach längerem Schwanken Abstand nahm.

YMCA-Press hatte einen etwas besseren Ruf. Obwohl mir später klar wurde, daß auch sie eine bestimmte Richtung vertraten, die nicht die meine war und ist. Aber ideologisch nicht festgelegte russischsprachige Verlage gab es damals nicht, abgesehen von Ardis, wo man mich zu der Zeit nicht schätzte, was der inzwischen verstorbene Carl Proffer nachträglich bedauerte. Also wählte ich YMCA-Press. Ich schickte ihnen das Manuskript und wartete. Ich saß wie auf glühenden Kohlen. Ich hoffte inständig, das Buch würde vor meiner Verhaftung erscheinen, mit der ich rechnen mußte. Ich hätte es so gern vorher in Händen gehalten, es angesehen … Und vielleicht würden sein Erscheinen und die damit verbundene Aufmerksamkeit meine Verhaftung sogar verhindern können.

Ein Monat verging, der zweite, der dritte … der Roman erschien nicht. Was war los? Es hieß doch, im Westen könne man die Bücher sehr schnell drucken. Ich mußte versuchen, etwas herauszufinden – nur wie? Jeder Auslandskontakt war schwierig und gefährlich. Erst recht, wenn man sich mit einem Verlag in Verbindung setzen wollte, der zwar nicht Possev war, aber trotzdem antisowjetisch, und dann auch noch wegen eines Buchs, dem man dasselbe Etikett aufkleben würde.

Zunächst übte ich mich in Geduld, dann aber stellte ich über Mittelsleute dem mir nicht persönlich bekannten Cheflektor Nikita Alexejewitsch Struve und dem Verlagsleiter Iwan Wassiljewitsch Morosoff die immer dringendere Frage: Wann? Morosoff antwortete nervös und verlegen. Struve hatte überhaupt keine Eile. Das Buch werde demnächst erscheinen. Demnächst, demnächst. Zu Neujahr. Zu Weihnachten. Zu Ostern. Zu Pfingsten. Die sowjetischen Redakteure hatten mir früher dasselbe versprochen, nur daß sie sich anderer Daten bedienten sowie natürlich der Präposition »nach«: Zu den Jahrestagen müssen wir etwas Weltanschauliches bringen (über Lenin, die Partei, den Komsomol), und dann boxen wir Sie hinein. Nach dem 1. Mai, nach den Revolutionsfeiertagen, nach dem Tag der Verfassung, nach dem Tag der Sowjetarmee, nach Lenins 100. Geburtstag. Nach, nach.

Possev schickte mehrfach Boten, und schließlich war ich bereit, den »Tschonkin« ihnen zu überlassen. Doch kaum wurde das in Paris bekannt, nahm man Verbindung zu mir auf und flehte mich an: Geben Sie uns noch einen Monat. Ich sagte Possev ab und wartete weiter.

So verging das ganze Jahr 1973. 1974, nach der Ausweisung Solschenizyns und der zusätzlichen Arbeit, die das für sie mit sich brachte, verschoben sie mein Manuskript erst recht. Ich würde nie von Solschenizyn denken, daß er mich absichtlich beeinträchtigte, aber eines hochentwickelten Solidaritätsgefühls will ich ihn auch nicht verdächtigen. Er nahm den Beistand aller gern an, setzte sich selber aber nur sehr selektiv, und nur wenn es für ihn von Nutzen war, für andere ein. (Womit er in gewissem Sinne recht tat. Ein Großer, der auch als solcher gelten will, muß immer genau darauf achten, wann, in welchem Kontext, vor welchem Hintergrund, auf welcher Liste und neben wem sein Name erscheint.)

Ich war schon vollkommen verzweifelt, pfiff auf alle konspiratorische Vorsicht und begann, YMCA-Press direkt anzurufen und unverblümt zu fragen: Wann? Und merkte, daß die dortigen Verleger sich nicht viel besser als die hiesigen aufführten. Sie hielten keine Versprechen, logen, und wenn ich schließlich unter kolossalen Mühen (und für mich nicht unerheblichem Risiko) nach Paris durchkam, stellte sich jedesmal heraus, daß Nikita Struve gerade eben außer Haus oder gerade noch nicht im Hause war. Genau wie hier, nur mit dem Unterschied, daß sie, wenn sie einen »hier« verlegten, sich wenigstens nicht das Honorar unter den Nagel rissen. Aber da ... Dort werden unter Aufbietung von viel Scheinheiligkeit, Heuchelei und Demagogik Honorare einbehalten (und wie!), aber wenn man nur den kleinsten Zweifel an den geheiligten Absichten dieser Leute äußert ... Aber ganz ausgeschlossen! Undenkbar! Damit spiele man wieder nur *ihnen* in die Hände, dem KGB.

Ich äußerte zwar keinerlei Zweifel, aber ein Jahr war nun vergangen, das zweite schwand dahin, und wo war der »Tschonkin«? Wann würde er erscheinen? Vermutlich nie.

Meine Anrufe wurden ausweichend beantwortet, aber auf Umwegen erfuhr ich: sie hatten das Buch verschieben müssen, um Solschenizyns »Das Kalb und die Eiche« schnellstens herauszubringen, danach unter dem Titel »Is-pod glyb« (Unter der Scholle hervor) einen Sammelband mit brandneuen gesellschaftskritischen Aufsätzen einiger Verwegener (wie die Zeitschrift »Kontinent« sie nannte). Ich saß da, wartete und hoffte, daß sich vielleicht nach den »Verwegenen« in den verlegerischen Planungen eine Lücke für mich finden würde. Aber nein, in die Lücke quetschte sich das von Solschenizyn protegierte Buch »Stremja ›Tichogo Dona‹« (»Der stille Don« als Trittbrett), in dem Scholochow Diebstahl geistigen Eigentums vorgeworfen wurde, und dann noch irgend ein Titel. Und mir versprach man wieder: zu Ostern, zu Weihnachten. Nach dem nächsten religiösen Feiertag rief ich Struve wieder an: »Ich verstehe ja, daß ich nicht ganz Ihr Mann bin, Sie brauchen mich ja auch nicht zu drucken, aber ist Ihnen denn nicht klar, wie meine Lage ist? Und daß der ›Tschonkin‹ mein einziger und auch nur zeitweiliger und schwacher Schutz ist? Wenn Sie den Roman nicht bringen wollen, geben Sie ihn mir auf der Stelle zurück.« – »Wie kommen Sie darauf, daß wir einen solchen Roman nicht verlegen wollen? Das ist kein Roman, das ist ein Wunder, wir bringen ihn auf jeden Fall. Wir stimmen den Erscheinungstermin auf die Frankfurter Buchmesse ab. Wenn ein Titel zur Buchmesse erscheint, ist das Echo am größten.«

Im September 1974 telefonierte ich mich wieder unter Schwierigkeiten zu Struve durch: »Der ›Tschonkin‹ erscheint also zur Buchmesse?« – »Wie? Zur Buchmesse? Nein. Der ›Tschonkin‹ gehört zu den Büchern, die stark genug sind, daß sie die Buchmesse nicht nötig haben.«

Das nächste Mal rief ich im Januar 1975 in Paris an und gratulierte Struve zum Erscheinen der schwedischen Ausgabe des »Tschonkin«. Diese Nachricht brachte ihn anscheinend etwas in Verlegenheit. Die Übersetzung war früher erschienen als das Original. Jetzt strengte Nikita Alexejewitsch sich auf einmal richtig an, und die russische Ausgabe des »Tschonkin« erschien sehr bald, nur wenige Tage nach der deutschen.

»Lassen Sie Ihre Sachen doch hier erscheinen«
Aber zurück in die Lubjanka. 4. Mai 1975, Ostersonntag, Mittagszeit, das »Gespräch« ging weiter.

Solschenizyn sei nicht der größte Bürger, er sei
Monarchist, Chauvinist, sein Verhalten sei mir
gegenüber unfair und auch sonst amoralisch, er
habe seine Patentochter geheiratet. Wie könne
man so etwas tun?

»Und warum«, fragte ich, »stört Sie das? Sind
Sie gläubig?«

»Nein«, sagte Petrow sich hastig los. »Ich nicht.«

»Ich auch nicht. Soll er doch seine Patenenkelin
heiraten, mir ist das egal.«

Wir erörterten das Lagerthema und Stalin, der
zugegebenermaßen Verbrechen begangen hatte,
aber man durfte nicht vergessen, daß dieser Mann
dreißig Jahre an der Spitze unseres Staates gestanden hatte.

»Nikolaus I. hat auch dreißig Jahre an der Spitze
unseres Staates gestanden«, sagte ich.

»Nicht möglich«, rief Petrow aus und war ganz
erstaunt, als ich ihm nachwies, daß es sich so ver-
hielt. Oder tat erstaunt. Ich nehme an, es war ihm
völlig gleichgültig.

Da meine Gesprächspartner mir fortwährend
versicherten, sie seien nicht »so«, zeigte ich mich
bereit, ihnen zu glauben, doch sollten sie ihren
Unterschied zu denen, die »so« waren, irgendwie
bekräftigen. Beispielsweise alle politischen Gefan-
genen freilassen und wenigstens eines der früheren Lager zu einer Gedenkstätte umfunktionieren,
ähnlich wie Auschwitz. Und dort ein Grab des

Unbekannten Häftlings anlegen. Damit die Angehörigen und Nachkommen der Verschollenen dort hingehen, weinen und Blumen niederlegen konnten. Damit junge Fährtensucher den Spuren nachgehen konnten unter der Devise: Niemand und nichts ist vergessen.

»Dann«, erklärte ich, »wird man von Ihnen sagen können, Sie seien wirklich nicht ›so‹.«

Sie fanden aber, daß es schon genug offensichtliche Beweise gab.

»Sie müssen doch zugeben«, meinte Petrow, »daß wir 1937 nicht so mit Ihnen geredet hätten.«

»Wer weiß, wo Sie 1937 gewesen wären.«

»Ja«, mußte er mir recht geben, »damals sind auch viele Mitarbeiter der Organe umgekommen.«

Ich kam nicht dazu, mich um die Mitarbeiter der Organe zu grämen, weil das Thema wechselte. Es ging um den Possev-Verlag, zu dem ich, wie schon erwähnt, eine etwas verquere Beziehung hatte; er hatte zweimal etwas von mir in seiner Zeitschrift »Grani« gedruckt, das erstemal ohne meine Genehmigung, das zweitemal mit.

Für die Geheimdienstler schien es im Westen keinen anderen Verlag zu geben als Possev. Und Possev war darum so schlimm, weil in Gestalt des NTS eine politische Partei dahinterstand, die den Umsturz *unseres* Systems anstrebte. Wenn man dort gedruckt wurde, war man am Umsturzversuch beteiligt.

Ich hatte nichts gegen eine solche Deutung, sagte aber meinen Gesprächspartnern, daß vor allem sie selber diese schreckliche Partei unterstützten.

»Wer? Wir?« fragte Petrow nach.

Zacharow bat mich wieder um eine Zigarette.

»Bittesehr«, sagte ich gereizt (er ödete mich an).

»Nehmen Sie sich und fragen Sie nicht lange. Aber natürlich unterstützen Sie«, antwortete ich Petrow, »diese Partei mehr als alle anderen.«

»Interessant«, sagte Petrow auflachend, »wie denn?«

»Ganz direkt. Indem Sie talentierte Werke verbieten. Damit erreichen Sie, daß diese an Possev geraten. Sie wollen Possev kaputtmachen? Drukken Sie das Beste hier.«

»Aber man kann doch nicht alles drucken, was geschrieben wird.«

»Alles nicht, das Beste schon. Drucken Sie das Beste hier und geben Sie das Schlechte an Possev.«

»Das heißt, Sie sind der Ansicht«, präsisierte Petrow, offenbar für einen Vortrag höheren Orts, »daß wir selber Possev unterstützen?«

»Und wie! Mit aller Kraft.«

Wie sich später erwies, war mein Verhör von sehr hoher Stelle sanktioniert. Ich wußte nichts davon, bezweifelte aber nicht, daß unser Gespräch aufgezeichnet und nach »oben« weitergeleitet würde. Ich hielt es nicht für ausgeschlossen, daß dort »oben« Leute saßen, denen meine Argumentation plausibel erschien, und sei es auch nur für ihren Kampf um die Macht.

Die Rede kam auf die Auslandskorrespondenten: warum ich mit ihnen Umgang hatte, warum ich Interviews gab.

Ich, treuherzig: »Darf man das nicht?«

63

»Natürlich darf man«, gestattete Petrow. »Aber sie entstellen Sie. Sehen Sie doch«, er zeigte mir eine Ausgabe der »Russkaja mysl« mit einem Interview, das ich einer deutschen Zeitung gegeben hatte, »Sie bezeichnen hier Iljin* als Generalsekretär des Schriftstellerverbands. Das haben Sie doch bestimmt nicht so gesagt?«

»Bestimmt nicht. Ich habe ihn Sekretär für Organisationsfragen genannt.«

»Sehen Sie! Und was schreiben die?«

»Ein Fehler, wie er bei einer Rückübersetzung passiert.«

Er schüttelte den Kopf.

»Das sehe ich anders. Das ist eine tendenziöse Übersetzung.«

»Also das mit dem Generalsekretär«, kicherte Zacharow, »also, hihi, wissen Sie …«

An dieser Stelle muß ich wahrscheinlich nicht nur den Ausländern, sondern auch meinen heranwachsenden Landsleuten erklären, daß Generalsekretär der Titel des Ersten Vorsitzenden der KPdSU und Führers des ganzen Landes war, daß man diesen Titel nur mit ehrfürchtigem Beben aussprechen und auf gar keinen Fall jemand anderen damit bezeichnen durfte.

Und wenn also die Zeitung »Russkaja mysl«

---

* Viktor Nikolajewitsch Iljin (1904–1990), in den zwanziger und dreißiger Jahren Mitarbeiter im Staatssicherheitsdienst, zuletzt im Rang eines Generalleutnants, wurde verhaftet und mußte etwa zehn Jahre absitzen, war in der beschriebenen Zeit Sekretär der Moskauer Abteilung des Schriftstellerverbands der RSFSR für Organisationsfragen. (Anm. d. Verf.)

Iljin Generalsekretär nannte und ich nicht dagegen protestierte, war ich an diesem entsetzlichen Verbrechen mitschuldig.

»Aber schauen Sie doch, unter welcher Überschrift sie Ihr Interview bringen: ›Verhöhnung eines begabten Schriftstellers‹. Sehen Sie darin etwa nichts Tendenziöses?«

»Nein, ich sehe darin die reine Wahrheit.«

»Aber«, platzte Zacharow heraus, »aber sie rühmen Sie doch!«

»Wollen Sie, daß sie Sie rühmen?«

Zacharow schlug verlegen die Augen nieder. Nein, er als der typische bescheidene Sowjetmensch wollte, hihi, nein, lieber nicht gerühmt werden.

»Und hier, sehen Sie, reiht man Sie ein in die Liste der, wie sie schreiben, Opfer der sowjetischen Psychiatrie. Aber Sie sitzen doch nicht in einer Nervenheilanstalt?«

»Allerdings nicht«, bestätigte ich.

Petrow fuhr fort, den vor ihm liegenden Text durchzugehen.

»Und hier sagen Sie, Wladimir Nikolajewitsch, Sie seien ein unpolitischer Mensch. Das ist doch ganz abwegig. Kann ein Schriftsteller überhaupt unpolitisch sein?«

»Aber ja«, sagte ich, »Tschechow war unpolitisch. Andere auch. Meine Erzählung ›Brieffreundschaften‹ zum Beispiel ist absolut unpolitisch.«

»Aber das ist doch keine unpolitische Erzählung«, kicherte Zacharow argwöhnisch. »Der negativste Charakter darin, hihi, ist Mitglied der KPdSU ...«

»Ja und? Muß er einen Heiligenschein haben, nur weil er Parteimitglied ist?«

Es war viel geraucht und viel geredet worden, und ich begriff, daß ich es *ihnen* nicht recht machen konnte, daß alle meine Bemühungen, die Strafe von mir abzuwenden, gescheitert waren. Petrow würde jetzt auf einen Knopf drücken, und Bewaffnete würden mich im Transporter ins Gefängnis Lefortowo bringen. Nun ja, wie ich gesagt hatte, ich war auf alles gefaßt, auch hierauf.

Meine Familie tat mir leid – meine Frau, meine Schwester, meine Eltern, meine Kinder, vor allem Olga. Meine Kinder aus erster Ehe waren wenigstens schon größer, Marina sechzehn, Pawel dreizehn, aber sie war noch ein solcher Winzling, sie würde ohne Vater aufwachsen, und wie sehr das ein Kind traumatisierte, wußte ich aus eigener Erfahrung.

Und meine Werke ... Obwohl ich Zeit und Kraft gedankenlos an endlose Palaver, an Küchenklatsch, Besäufnisse, das Schachspiel und ähnliche Dummheiten verschwendet hatte, hatte ich doch einiges geschrieben. 1959, als man mich zum ersten Mal hierher geschleift hatte, war das anders gewesen. Damals war ich noch literarischer Anfänger und hatte Angst, spurlos unterzugehen. Diesmal würde etwas von mir bleiben.

Wenn mir einfach nur Gefängnis bevorstand, Einzel- oder Gemeinschaftszelle, ginge es noch. Das Schlimmste war, in eine Zelle mit Kriminellen zu kommen, die speziell darauf abgerichtet waren, einen zu demütigen und zu quälen. Das hatte bei uns schon Tradition. Als ich, es war wohl 1949, der Miliz in die Fänge geraten war, versprach man mir, mich in eine Zelle mit Kriminellen zu stecken, die mit jedem Neuankömmling als erstes eine »Fallschirmlandung« veranstalteten, das heißt, sie packten ihn an Armen und Beinen, hoben ihn in die Höhe und ließen ihn dann mit dem Rücken auf den Zementboden krachen. Und noch einige Scherze dieser Art. Aber ich hatte mir schon lange vorgenommen, auch die kleinste Chance zu nutzen, mich zu wehren, mit jedem Gegenstand, ob schwer oder scharf, ich würde zuschlagen, beißen, kratzen, solange ich mich noch irgendwie regen könnte ...

»Also, Wladimir Nikolajewitsch«, drang von irgendwoher Petrows Stimme zu mir, »wollen Sie Ihre Bücher in der Sowjetunion erscheinen lassen?«

»Wie? Was?« fragte ich zurück. »Ich habe Sie nicht verstanden.«

»Ich dachte, ich drücke mich deutlich aus. Ich frage Sie: Wollen Sie Ihre Bücher überhaupt nicht mehr hier erscheinen lassen? Nur noch im Westen?«

Sie lochten mich nicht nur nicht ein, sie feilschten auch noch.

»Ginge es denn hier?«

»Warum denn nicht? Lassen Sie Ihre Sachen doch hier erscheinen. Lassen Sie es uns doch so machen, daß man sich nicht im Ausland, sondern hier um Ihre Bücher reißt.«

»Nichts dagegen. Womit fangen wir an?«

»Genau darüber müssen wir nachdenken.«

So einfältig war ich nun auch nicht, daß ich ihnen sofort glaubte: »Ich nehme an, Sie wollen, daß ich zunächst einmal Solschenizyn oder die Propaganda der Bourgeoisie oder mich selbst an den Pranger stelle.«

»Wie kommen Sie darauf? Habe ich etwas Derartiges gesagt? Ich will nur eins: daß Sie hier gedruckt werden. Einverstanden?«

»Wenn es nur auf meine Zustimmung ankommt, gebe ich sie Ihnen.«

»Aber wie wird es praktisch gehen?«

Ich erläuterte ihm, daß das Verfahren des Buchdrucks in etwa seit Gutenberg bekannt sei.

»Aber ich hätte von Ihnen gern einen konkreten Vorschlag. Sollte man zu Anfang ein früheres Werk neu auflegen?«

»Tun Sie das.«

»Oder etwas Neues herausbringen?«

»Ich kann Ihnen auch etwas Neues anbieten. Ich verstehe nur eins nicht. Unsere Ansichten sind so unvereinbar, wie wollen Sie da jemanden wie mich drucken?«

»Sehen Sie, ich versuche Ihnen doch klarzumachen, daß Sie ganz überholte Vorstellungen von den Organen haben. Ich wünschte, Sie würden uns besser kennenlernen. Wir sollten uns noch einmal treffen. Nicht unbedingt in diesem Hause – das finden Sie vielleicht zu bedrückend –, aber woanders, in zwangloserer Umgebung.«

»In einem Hotel?«

»Auch in einem Hotel.«

Viktor Nekrassow hatte mir irgendwann erzählt, wie er sich mit KGB-Leuten im Hotel getroffen hatte. Ich fand das interessant, und außerdem wollte ich so ein Hotelzimmer gern einmal sehen. Neugierig genug, um mir die Pfoten zu verbrennen, war ich immer noch.

»Und trotzdem ist Ihr Angebot etwas merkwürdig«, sagte ich. »Denken Sie vielleicht, Sie könnten mich als Informanten anwerben?«

»Aber nicht doch!« wehrte Petrow ab. »Das würde ich nie wagen.«

»Wirklich nicht? Mir recht. Einmal hat man mir diesen Vorschlag schon gemacht …«

Heute muß ich zugeben, ganz so eindeutig war dieser »Vorschlag« nicht gewesen. Bei meinem ersten Verhör im KGB im Jahre 1959 waren einige nebulöse Bemerkungen gefallen (»Sie helfen uns, wir helfen Ihnen«), und man hatte mir die Frage gestellt, was unsere Professoren in ihren Vorlesungen sagten (ich meinte, daß ich diese Frage auch im Examen nicht immer beantworten könne), aber deutlicher war man mir gegenüber nicht geworden.

Petrow lachte.

»Sie glauben uns immer noch nicht. Ich weiß einfach nicht, wie ich Sie noch davon überzeugen soll, daß wir wirklich nur eines wollen: daß Sie gedruckt werden.«

»Nichts sonst?«

»Nichts sonst.«

»Dann drucken Sie für den Anfang doch den

›Tschonkin‹, wenn er Ihnen schon so gut gefallen hat.«

»Würde ich sofort tun. Allerdings würde ich Sie bitten, ein einziges Wörtchen wegzulassen: WE-ZUMS*.«

Ein Wort wegzulassen erklärte ich mich sofort einverstanden, obwohl ich nicht weiß, was ich getan hätte, wenn es soweit gekommen wäre. WE-ZUMS war in dem Roman schließlich kein überflüssiges Wort.

Das Gespräch war beendet. Es folgten nur noch einige beiläufige Fragen. Ob ich welche von den jungen Schriftstellern kannte? Nein. (Natürlich war ich die ganze Zeit auf der Hut und hatte nicht ein einziges Mal einen Namen unnötig genannt.) Wie es Wladimir Kornilow gehe? Wie es ihm eben gehe.

»Bekommt er Geld aus dem Ausland?«

»Das müssen Sie ihn selbst fragen.«

»Sie wissen es nicht?«

»Ich weiß nichts.«

(Worauf legten sie es mit diesen Fragen an? Daß ich sie an Kornilow weiterleitete, daß ich mich unverhofft verplapperte, oder war es eine Pflichtübung?)

»Sollten wir uns also nicht noch einmal treffen?«

»Mir ist immer noch unklar, wozu.«

»Was ist daran unklar? Überlegen Sie sich, was Sie veröffentlichen möchten und wo. Und bringen

---

* = Weg zum Sozialismus, Bezeichnung für eine Kreuzung aus Kartoffel und Tomate, russ. PUKS. (Anm. d. Ü.)

Sie Ihre Vorschläge mit. Warum zögern Sie? Notieren Sie sich meine Telefonnummer. Wenn Sie Lust haben, rufen Sie mich an, wenn nicht, dann nicht. Sie verlieren nichts dabei.«

Nun ja, ich verlor nichts dabei. Ich dachte an die Fabel vom Vogel, der auf den Leim und damit zugrunde geht, glaubte aber, daß mir das nicht passieren würde. Ich würde keine unsichtbare Grenze überschreiten und mich nicht in ihren Schlingen fangen.

Darum nahm ich ein Blatt Papier und notierte: Nik. Nik. Petrow, 228-80-34.

Während Petrow und ich uns die Hand schüttelten, ging Zacharow schnell hinaus, um den Passierschein unterschreiben zu lassen, und begleitete mich dann nach unten.

Neben dem Fahrstuhl hing in einem Holzrahmen ein Blatt Papier mit maschinengeschriebenem Text: »Direktion, Partei- und Werkskomitee der Fabrik ›Borez‹ drücken den Mitarbeitern des Staatssicherheitskomitees ihren tiefen Dank aus für ihre aktive Beteiligung am kommunistischen Subbotnik.*« Dieser so ganz normale sowjetische Text entkrampfte mich, ich hatte das Gefühl, in einer ganz normalen sowjetischen Behörde zu sein.

Offenbar mußten die Mauern der Lubjanka mich doch bedrückt haben, denn ich war freudig überrascht von dem hellen Sonnenschein draußen und der Alltäglichkeit des Lebens.

* Freiwillige, kollektive und unbezahlte Arbeit zugunsten des Staates in der Freizeit, ursprünglich nur samstags. (Anm. d. Ü.)

Überrascht war ich auch, Ira auf dem Gehweg zu sehen.

»Hast du etwa die ganze Zeit hier gestanden?« fragte ich.

»Ja«, sagte sie.

»Aber du hättest doch wenigstens in einen Buchladen gehen können, um dich irgendwie zu beschäftigen.«

»Ich war beschäftigt genug. Ich habe mich aufgeregt.«

»Ganz umsonst«, sagte ich. »Du hast dich ganz umsonst aufgeregt. Alles läuft wunderbar.«

(Mein Leben lang sage ich ihr, daß alles wunderbar läuft, aber irgendwie glaubt sie mir nicht.)

Zu Hause angekommen, erlösten wir meine Schwiegermutter von ihren Kinderfraupflichten. In dem Moment läutete das Telefon. Die Telefonistin sagte: »Ein Gespräch aus Paris.«

Aus dem Hörer grollte eine müde Staatsmännerstimme, als lasse sie mir eine verschlüsselte Weisung zukommen: »Christ ist erstanden!«

Und wieder wußte ich nichts Besseres zu antworten als: »Grüß Dich, Wolodja.«

»Nun, wie steht's?« fragte der Anrufer, mir meine rituelle Unhöflichkeit nachsehend.

Die Frage war nicht so einfach, wie sie schien. Der Anrufer erkundigte sich nicht nach mir, sondern nach dem versprochenen Text für den »Kontinent«.

»Alles in Ordnung, Wolodja«, sagte ich, »aber das, wovon wir gesprochen haben, das verschieben wir vorläufig.«

»Für seine Mütze zwar bereit ...«

Zu diesem Zeitpunkt war ich fast dreiundvierzig, ich hatte, wie schon gesagt, drei Kinder, das jüngste anderthalb, die beiden großen aus erster Ehe dreizehn und sechzehn. Auch nach der Scheidung fühlte ich mich weiter für sie verantwortlich und bemühte mich, sie in keiner Weise zu kurz kommen zu lassen.

Ich schrieb seit rund zwanzig Jahren, es war inzwischen eine ganze Menge, doch das, wovon ich hoffte, daß es mich überdauern würde, waren die beiden Teile des »Tschonkin«, die Erzählungen »Ich möchte ehrlich sein«, »Einen halben Kilometer entfernt« und »Brieffreundschaften«. Aus meinen anderen Büchern vielleicht noch hie und da ein Kapitel, die eine oder andere Passage, ein paar Zeilen. Mehr nicht.

Mein Leben lang habe ich viel und zu jeder Tages- und Nachtzeit gearbeitet, und wenn sich das nicht in der Zahl der Bücher niedergeschlagen hat, dann deswegen, weil ich alles, was ich schrieb (einschließlich privater Briefe), mehrfach umgeschrieben habe. Beim Umschreiben sah ich oft den Wald vor Bäumen nicht und verschlechterte den Text, anstatt ihn zu verbessern, und dann mußte ich vieles wegwerfen. Zehntausende von mir geschriebener Seiten sind auf dem Müll gelandet. Tausende verstreut und verloren.

Ich habe mich immer an Pasternaks Vermächtnis gehalten (auch als ich ihn noch nicht kannte): »Gib dir keine Mühe um dein Archiv, aber jede Mühe um dein Manuskript.« Vielleicht habe ich mich sogar zu sehr daran gehalten. (Als kürzlich, 1992, das Zentrale Staatsarchiv für Literatur und Kunst mich bat, ihnen mein Archiv zu überlassen, umfaßte ich meine paar Papiere mit einem Blick und dachte: Kann man das Archiv nennen? Und erteilte ihnen eine höfliche Absage.)

Literarisch war ich zwar erfolgreich, aber vom Schicksal nicht gerade begünstigt. Die Gedichte wollen wir außer acht lassen; aber schon meine ersten Prosatexte wurden rasch veröffentlicht und fielen auf. Doch ich verstand es nicht, meine Bücher »durchzusetzen«, mich mit den Kritikern anzufreunden, mich bei den Vorgesetzten lieb Kind zu machen und meine Einstellung zur Sowjetmacht zu verheimlichen, selbst wenn ich es wollte. Dafür schaffte ich es, auf alle schwarzen Listen zu kommen, die es in den Jahren meiner Schriftstellertätigkeit in der Sowjetunion gab, sogar auf solche, die nur aus einem Namen bestanden.

Seit meinen allerersten literarischen Anfängen gehörte ich zu denen, die fast gar nicht gedruckt oder gänzlich verboten wurden. Zu Beginn meiner Schriftstellerlaufbahn interessierte ich mich kaum für Politik, kannte keine staatsbürgerliche Leidenschaft und legte es überhaupt nicht darauf an, mich »aus dem Fenster zu hängen«, aber mit wem auch immer aus dem Geschlecht der Vorgesetzten ich in Berührung kam, der begriff sofort, daß ich ein Fremdkörper war.

Ein Fremdkörper nicht im Hinblick auf Weltanschauung oder Klasse, sondern im organischen Sinne.

Das muß sich früh gezeigt haben. Mit sechzehn, ich hatte gerade die Handwerksschule abgeschlossen, arbeitete ich in einer Fabrik. Ein sowjetischer Feiertag nahte, Direktion, Partei- und Werkskomitee trafen Vorbereitungen für die Demonstration der Belegschaft. Es wurde bestimmt, wer wo in welcher Anordnung zu gehen hatte und (namentlich) wer was tragen würde: Fahne, Transparent, Losung, Führerporträts. Sie hatten vorgehabt, auch mir etwas in die Hand zu drücken, doch da mischte der Parteiorganisator sich ein: nein, dem nicht, der schmeißt unterwegs alles weg, was man ihm gibt.

Ich weiß noch, daß ich sehr erstaunt und beleidigt war, als mir jemand von dieser Äußerung des Parteiorganisators erzählte. Ich hatte ihm doch nicht den leisesten Anlaß gegeben, so über mich zu denken. Hätte man mir damals eine Fahne oder ein Porträt anvertraut, hätte ich es dieses eine Mal ordnungsgemäß die ganze Zeit getragen.

Doch im Prinzip hatte der Parteiorganisator etwas richtig erkannt, dessen ich mir selbst noch nicht bewußt war. Schon damals stieß alles Rituelle mich ab, und später begriff ich, daß es überhaupt keine Symbole oder Porträts gab, die ich vor mir her hätte tragen mögen. Riten lagen mir einfach nicht, und daß sie einem im sowjetischen Alltag tagtäglich bis zum Erbrechen aufgedrängt wurden, machte sie besonders schwer erträglich. Selbst in ihren harmlosesten Formen waren sie mir zuwider. Als 1969 wieder ein Puschkinjubiläum anstand, forderte mich jener unvergeßliche Viktor Nikolajewitsch Iljin erst schriftlich, dann telefonisch auf, mich an einer Kranzniederlegung am Puschkindenkmal zu beteiligen. Ich lehnte ab.

»Aber warum denn?« wunderte Iljin sich. »Das ist doch eine von Ihrem Standpunkt aus saubere Sache. Es handelt sich schließlich nicht um Blumen für Majakowskij oder Gorkij.«

»Genau das ist der Punkt«, sagte ich. »Zu denen würde ich noch gerade mitgehen. Aber in dieser Gesellschaft zu Puschkin – das ist mir ihm gegenüber einfach peinlich.«

Mit Leuten wie mir zu kämpfen war eigentlich fast sinnlos. Ist einer mit seiner sozialen Stellung nicht zufrieden, kann man ihn in eine andere versetzen, und das Problem ist gelöst; ist einer mit der Weltanschauung nicht einverstanden, kann man einen Wechsel seiner Einstellung herbeiführen; aber einen Menschen, der sich organisch nicht einfügt, kann man nur ausmerzen.

Nadeschda Mandelstam hat einmal (sinngemäß) von ihrem Mann gesagt: »Es stimmt nicht, daß Mandelstam nicht lügen wollte. Er wollte es. Er konnte es nur nicht.« Mandelstam und Sowjetmacht – das ließ sich organisch nicht vereinbaren, auch wenn er bisweilen versuchte, sich einzupassen.

Genauso ging es mir.

Solschenizyn schreibt irgendwo, daß er, wäre sein Schicksal anders verlaufen, auch ein »Blaukragen«, das heißt Geheimdienstler hätte werden können. Womit er sich in diesem Falle, glaube ich, unterschätzt. Aber was mich betrifft, bin ich sicher, daß mir das nie hätte passieren können, und zwar nicht wegen irgendwelcher gegenteiligen Überzeugungen, sondern einfach, weil ich von Geburt an zu einer solchen Tätigkeit physisch außerstande bin. Eine meiner frühen Erzählungen hieß »Was ich hätte werden können«, aber ebensogut hätte gepaßt: »Was ich nicht hätte werden können«. Vorgesetzter nicht, weil ich mich scheue, jemanden zu etwas zu zwingen; Untergebener nicht, weil mein Organismus sich jedem Zwang widersetzt. Ich hatte nie etwas gegen die Annehmlichkeiten des Lebens (ein nie verwirklichter Traum, der bei mir immer auf ein eigenes Haus im Grünen mit Gemüsegarten hinauslief), doch wenn es darum ging, konkret dafür zu zahlen: die Hand zu heben, die Unterschrift zu leisten, den Kranz niederzulegen, dem Ranghöheren ein Kompliment zu machen, sich mit den notwendigen Leuten anzufreunden, dann lief ich immer weg, tauchte ab.

Wie ein deutscher Freund es formulierte: »Er ist seinem Wesen nach flüchtig.«

Nach politischer oder öffentlicher Betätigung hat es mich nie gedrängt. Ich betrachtete mich, wie ich auch der »Zeit« Anfang 1975 in meinem Interview sagte, als Dissidenten wider Willen. Weniger, weil man Druck auf mich ausgeübt hätte, vielmehr, weil ich innerhalb des bestehenden Systems ein Fremdkörper und mein Dissidententum damit unvermeidlich war.

Obwohl ich in einigen Fällen auch als Dissident aus Überzeugung aufgetreten bin.

Als Sinjawskij und Daniel verhaftet wurden und

eine Rückkehr zum Faschismus Stalinscher Prägung einsetzte, kam ich zu dem Schluß, daß die Gesellschaft – so wir wirklich eine hatten – gegen derartige Pläne der Staatsmacht Widerstand leisten und aufstehen mußte. Und wenn ich so dachte, mußte ich für meine Überzeugung einstehen und mich am Aufstand beteiligen.

Was ich in gewissem Sinne auch tat.

Es gab allerdings keinen Aufstand.

Zwar rief der Prozeß gegen Sinjawskij und Daniel in der Sowjetunion scharfen Protest hervor, aber nur in einem sehr begrenzten und verstreuten Kreis von Leuten. Von den zwei- bis dreitausend Menschen, die in unserem ganzen riesigen Land protestiert hatten, sperrten sie ein Dutzend ein, beschatteten hundert und kauften oder beruhigten die übrigen auf die eine oder andere Art: setzt euch hin, eßt, denkt, was ihr wollt, aber seid still. Die Stalinzeit ist vorbei, ohne gerichtliche Untersuchung lochen wir niemanden ein, aber gegen diejenigen, die es mit Gewalt wissen wollen, können wir auch ganz anders.

Meine konkrete Lage sah so aus: Solange ich Mitglied des Schriftstellerverbands war, fühlte ich mich für alles, was in diesem Verband vorging, verantwortlich, auch für das, was von ihm gebilligt wurde.

Es gab viele, die es anders sahen, sich darauf beriefen, Künstler zu sein, sich ihrem Werk widmen zu müssen, und sich deswegen aus allem heraushielten. Ganz unberechtigt ist diese Position nicht. Künstlerisches Schaffen und politisches Engagement vertragen sich nicht unbedingt miteinander, wie man selbst bei so großen Leuten wie Leo Tolstoj sieht. Und trotzdem: gegenüber dem Schicksal seiner Zeitgenossen kann der wahre Künstler nicht kalt und gleichgültig bleiben.

Als es zu der Serie von Verhaftungen und parteiischen Gerichtsverfahren kam, fand ich keinen Grund, mein Beiseitestehen zu rechtfertigen, und schloß mich (sehr ungern) den Protestierenden an.

Doch meine heftigste politische Phase hatte ich im Zusammenhang mit Solschenizyn. Als man seinen Ausschluß betrieb und ihn verfolgte, spürte ich beinahe körperlich, daß ich, noch Mitglied des Schriftstellerverbands, rechtlich auf der Seite seiner Verfolger stand. Als sich die Wolken über Solschenizyn zusammenzogen, als die Hetzkampagne in den Zeitungen losging (und von den Auslandssendern noch verstärkt wurde), fürchtete ich manchmal so sehr um sein Leben, wie ich weder damals noch später um mein eigenes gefürchtet habe (und ich bitte den Leser, mir das aufs Wort zu glauben).

Als er verhaftet wurde und ich meinte, sie würden ihn unweigerlich für Jahre einsperren, war das der einzige Moment in meinem Leben, wo ich bereit gewesen wäre, mit einem Porträt, dem Porträt Solschenizyns, auf die Straße zu gehen, sogar ganz allein auf den Roten Platz.

Aber die Staatsmacht bewies unvermutet Vernunft. Solschenizyn kam nicht ins Gefängnis, sondern wurde in ein Leben ohne Gefahren exiliert. Der Dampf war abgelassen, eine Explosion nicht erfolgt. Zur merklichen Zufriedenheit aller. Auch zu meiner.

Seine Ausweisung fiel zeitlich mit meinem Ausschluß aus dem Schriftstellerverband zusammen. Ich kochte noch, war noch ganz in Kampfstimmung für Solschenizyn, hatte ihm gerade noch den Titel des »Größten« verliehen, aber nun wurde mir schlagartig klar, daß ich übers Ziel geschossen war, daß dem Größten nichts mehr drohte und ich mir dringend um meinen eigenen Kopf Gedanken machen mußte.

Ich muß an dieser Stelle aber auch erwähnen, daß ich auf einige Aussprüche und Verhaltensweisen Solschenizyns schon damals nicht immer mit Hochachtung reagieren konnte, sondern eher mit Ironie, und Anlässe dafür gab es genug.

Als Solschenizyn am 13. Februar 1974 verhaftet wurde, waren Wenedikt Sarnow, Wladimir Kornilow und ich abends in seiner Wohnung. Und einige Tage später schleppte Viktor Nekrassow mich wieder dahin, um Natalja Solschenizyna zu besuchen, die beim Kofferpacken war. Dieser Besuch ist nicht der Erzählung wert, wohl aber ist es der Anruf aus Zürich.

Nachdem Natalja Dmitrijewna mit ihrem Mann gesprochen hatte, reichte sie den Hörer an Nekrassow weiter, der irgend etwas Ermutigendes hineinschrie (natürlich war er nicht mehr ganz nüchtern, ich auch nicht) und dann sagte: »Hier steht noch Wolodja Woinowitsch, der dich auch sprechen will.« In Wirklichkeit wollte ich das überhaupt nicht. Irgendwelche allgemeinen Worte von mir geben zu müssen, ist mir immer ganz schrecklich, und nicht allgemeine fielen mir nicht ein. Solschenizyn drängte es offenbar auch nicht, unbedingt mit mir zu sprechen, vermutlich aus demselben, mir sehr begreiflichen Grund. Er gab das Nekrassow auch irgendwie zu verstehen, aber feinfühlig, wie dieser war, überging er das irritiert und drückte mir den Hörer in die Hand.

Ich sagte »Hallo« und stellte dann die dämliche Frage: »Nun, wie geht es Ihnen dort?« Worauf mir prompt feierlich mitgeteilt wurde: »Wolodja, mein Herz ist bei euch, mein Herz ist in Rußland.«

Große Menschen müssen so antworten, aber ich mag keine großen Menschen, die sich ihrer Größe bewußt sind, und für Aussprüche, die auf Verewigung abzielen, habe ich leider nur Spott und Respektlosigkeit übrig. Aber die großen Menschen lachen immer zuletzt und am besten, ihre Aussprüche werden ungeachtet der Reaktionen nicht ganz so großer Spötter dennoch verewigt, und dann trichtern noch Jahrzehnte danach und noch viel länger die Schullehrer, auf Zeugnisse dieser Art gestützt, den auf derartige Sprüche sauer reagierenden Schülern ehrfurchtsvoll ein, daß der große Soundso nie seine Verbundenheit mit Rußland aufgegeben und immer wieder gesagt habe: »Mein Herz ist in Rußland.«

Nekrassow und ich blieben nicht lange in der Wohnung, die schon fast aufgelöst war, und bekamen zum Abschied als Ehrengabe jeder zwei Photos, die in großer Stückzahl angefertigt und zur Belohnung der tapferen Besucher des in Ungnade gefallenen Wohnungsinhabers parat gehalten worden waren. Ich habe diese Photos gleich weitergegeben. Ich bewahre nur Photos mir sehr nahestehender und ganz zufälliger Leute auf, völlig ungeordnet, aber keine Bilder bedeutender Leute oder solcher, um die man einen Kult macht. Weder an der Wand noch auf dem Tisch gab es bei mir jemals Lenin oder Stalin, aber genausowenig Puschkin, Tolstoj, Majakowskij, Hemingway, Pasternak oder die Achmatowa. Eine Zeitlang habe ich probiert, ein postkartengroßes Sacharowporträt bei mir an der Wand einzugewöhnen, aber es konnte sich einfach nicht einleben.

Mit der Ausweisung erreichte der Solschenizynkult seinen Höhepunkt, und das nicht nur im Inland. Mit wenigen Ausnahmen wußten die in jenen Tagen in die UdSSR einreisenden Ausländer, daß sich auf diesem Gebiet befanden: die Sowjetunion, Breschnew, das KGB, Solschenizyn, das war's schon. Die übrigen Leute, denen die Ausländer hier begegneten, bestätigten das.

Nicht lange davor hatte ich auf einem Empfang Peter Osnos getroffen, den neuen Korrespondenten der »Washington Post«. Er hatte mir erzählt, er werde unter anderem über die russische Literatur schreiben, von der die Leute im Westen nicht die geringste Ahnung hätten und meinten, es gäbe hier nur Solschenizyn und sonst niemanden. Ich überlegte, ging im Geist die mir bekannten Buchtitel und Autorennamen durch und sagte, die Leute im Westen hätten recht, einen wie Solschenizyn gebe es sonst nicht. Er sei der einzige, der sämtliche Re-

82

geln des Bücherschreibens (von der Syntax angefangen) und des üblichen Verhaltens im sowjetischen literarischen Milieu restlos mißachte.

Daß es einen wie ihn sonst nicht gebe, wurde von vielen Ausländern wortwörtlich genommen, wenn es auch von mir nicht ganz so gemeint war.

Als ich dann aus dem Schriftstellerverband ausgeschlossen wurde, meldeten viele Auslandskorrespondenten, der Grund sei meine Freundschaft mit Solschenizyn. Daß es auch an mir lag, konnten sie sich nicht vorstellen. Gegen diesen einmal erworbenen Ruf des »Solschenizynfreundes« habe ich lange angekämpft, fünfzehn Jahre etwa, und immerhin einen gewissen Erfolg erzielt. Obwohl ich erst kürzlich wieder in irgendwelchen biographischen Angaben zu meiner Person gelesen habe, daß ich hauptsächlich wegen meiner Unterstützung Solschenizyns viel Not gelitten hätte.

Mit der Ausweisung Solschenizyns entfiel für mich ein wesentlicher Beweggrund meiner dissidentischen Aktivität. Es kamen zwar immer noch Leute ins Gefängnis, und das tat weh, aber da ich das Böse nicht abwehren konnte, blieb mir nichts anderes übrig, als mich damit zu beruhigen, daß ich dieses Böse generell nicht hinnahm. Es war für mich wichtig, einmal im Leben gesagt zu haben, daß ich Gewalt entschieden und für alle Zeiten ablehnte, und nun mußte das allen auch dann klar sein, wenn ich schwieg.

Ich hatte es ein für allemal gesagt und wollte es nicht unbedingt ständig wiederholen müssen.

Dissident konnte schließlich jeder sein, »Solschenizynfreund« auch, aber den »Tschonkin« konnte nur ich schreiben.

In der postsowjetischen Presse hieß es mehrfach, meine Dissidentenzeit sei nur kurz gewesen und darauf angelegt, die Ausreise zu erreichen. Mit den Leuten, die dies böswillig oder irrtümlich behaupten, will ich nicht streiten. Die Daten sind eindeutig genug. Mein Ausschluß aus dem Schriftstellerverband erfolgte am 20. Februar 1974, meine Ausreise (mit sowjetischem Paß) am 21. Dezember 1980. In den dazwischenliegenden fast sieben Jahren wurde mir mehrfach und ziemlich grob bedeutet, ich solle abhauen. Ich will mir meine Opposition nicht als Verdienst anrechnen, im Gegenteil, wäre es möglich, seinen Lebenslauf im nachhinein zu ändern, und gäbe es nicht familiäre und freundschaftliche Bindungen, wäre ich schon 1968 ausgereist. Und hätte mich dessen nicht im geringsten geschämt. Aber im nicht mehr änderbaren realen Leben war weder 1968 noch 1975 für mich an eine Ausreise zu denken, ich war in einer ganz ausweglosen Lage.

In literarischen Dingen hatte ich bis zu einem bestimmten Zeitpunkt eine begrenzte Bereitschaft zu Zugeständnissen bewiesen, aber jetzt forderte man von mir keine Zugeständnisse, sondern die bedingungslose Kapitulation, den totalen Verzicht auf alle meine literarischen Ambitionen. Und das konnte ich ihnen nicht zugestehen. Unter gar keinen Umständen. Es ging mir wie dem Jäger in Puschkins »Poltawa«: »Für seine Mütze zwar bereit, zu lassen Schwert und Pferd dem Feind, doch seine Mütze nimmt man ihm nur in des Kampfes Ungestüm.«

Ich war zu dem Gespräch mit den KGB-Leuten gegangen, weil sie die einzige Instanz waren, über die ich mich an den Staat wenden konnte und er sich an mich. Sie waren die in eine belagerte Festung entsandten Parlamentäre. Sie hatten keine Chance, die bedingungslose Kapitulation der Festung zu erreichen, wohl aber eine vernünftige Entscheidung in vertretbarem Rahmen. Ich wünschte mir nicht nur Ruhe, ich sehnte mich danach und wäre darum bereit gewesen, *ihnen*, bildlich gesprochen, »Schwert und Pferd« zu lassen und nur die »Mütze« zu behalten. Um schreiben zu können, wäre ich einverstanden gewesen, mich aus dem öffentlichen Leben zurückzuziehen, in die Provinz zu gehen, weder hier noch dort gedruckt zu werden, keine Interviews zu geben, mich unauffällig zu verhalten, und das fünf oder sogar zehn Jahre lang (von den Einnahmen, die ich zu der Zeit im Westen hatte, konnte ich hier gut zehn Jahre leben). Ich meinte, es gäbe *auch für sie* gar keine andere Möglichkeit, als sich auf einen solchen Kompromiß einzulassen.

Darum entschied ich mich, mich noch einmal mit Petrow und Zacharow zu treffen.

Hotel Metropol

Am 11. Mai rief ich Petrow an.

»Wladimir Nikolajewitsch?« reagierte er erfreut. »Sie haben sich also entschlossen? Schön, schön. Einen Moment, ich kläre das eben. Ginge es um vier Uhr im Metropol? Paßt Ihnen das? Sehr gut. Kennen Sie das Hotel? Nicht richtig? Dann treffen wir uns beim Marxdenkmal, damit Sie sich nicht verlaufen. Abgemacht? Wunderbar. Und wie fühlen wir uns heute, Wladimir Nikolajewitsch?«

Der Ausdruck »ich kläre das eben« gefiel mir nicht, und auch diesen Krankenschwesterton mochte ich irgendwie nicht, er rief ein sehr unangenehmes Vorgefühl in mir hervor.

»Wir sehen uns und dann reden wir miteinander«, sagte ich.

Fünf vor vier war ich auf dem Platz der Revolution. Allein. Ira war diesmal nicht mitgekommen, weil es nun schon mehr Routinesache war. Die Sonne schien, es war heiß, Blumen wurden verkauft. Eine Schlange beim Sahneeis mit kandierten Früchten für 19 Kopeken. Eine Schlange beim Stand mit Sodawasser. Tauben liefen den Leuten zwischen den Füßen herum. Im übrigen hatte ich vergessen, aus diesem Typ herauszubringen, wer er eigentlich war. Ich war nicht sicher, daß ich ihn erkennen würde. Gesichter kann ich mir nur sehr schlecht merken. Ich erinnerte mich allerdings, daß er hochgewachsen war, einen dunklen Teint hatte, krauses Haar, und daß er eine Brille trug.

Ira hatte mich gebeten, auf dem Rückweg in das Haushaltswarengeschäft auf dem Kusnezkij most zu gehen, ganz in der Nähe des KGB-Empfangsgebäudes, und Naphthalin zu kaufen. Sie hatte das Naphthalin gesehen, als sie letzten Sonntag dort auf mich wartete, aber damals war ihr nicht danach gewesen.

86

Bei dieser Wärme wäre ein Bier nicht schlecht. Ich hatte Zertifikatrubel bei mir (für die schwedische Ausgabe bekam ich sie noch, danach war Schluß damit), auf dem Heimweg könnte ich im Berjoska-Shop in der Bolschaja Grusinskaja ein paar Dosen kaufen.

Um zum Denkmal zu gelangen, muß man am Metropol vorbeigehen. Ich schaute zum Hotel hin und erblickte Zacharow mit seinem rötlichen Haar, der sich irgendwie aufgeregt benahm, jemandem zunickte, irgendwem zuwinkte. Er drehte sich abrupt um, stieß fast mit mir zusammen, schien peinlich berührt, streckte mir die Hand hin, zog sie gleich wieder zurück und stürzte mit den Worten »Da kommt Nikolaj Nikolajewitsch« in Richtung Marx-Prospekt.

Hier hätte ich Argwohn schöpfen müssen, tat es aber nicht. Plötzlich sah ich Petrow, der an mir vorbei gleichfalls zum Prospekt ging. Den Rücken gekrümmt, ständig nach links und nach rechts blickend. Ich hatte ihn also sogar von hinten erkannt. Im Gehen signalisierte er irgendwem irgend etwas. Er war mir von hinten so widerwärtig, wie ich es gar nicht ausdrücken kann. Sein Rücken sagte mir mehr, als er selber mir in der Lubjanka gesagt hatte. Wie er so ging, unterschied er sich irgendwie von der Menge. Er sah aus wie ein Verbrecher auf dem Weg zur Tat. Er hatte gerade die Ecke erreicht und deutete mit dem Finger über seinen Kopf hinweg auf das Marxdenkmal, als Zacharow hastig um die Ecke kam und auf mich zeigte, woraufhin beide sich umdrehten, auf mich zugingen und ihren Gesichtern schnell noch einen menschlichen Ausdruck aufsetzten.

(Später haben mich verschiedene Leute gefragt, warum ich nicht weggelaufen bin, obwohl ich irgendwelche Vorbereitungen bemerkt hatte. Mir kam das damals gar nicht in den Sinn. Aber wenn schon nicht weglaufen, so hätte ich zumindest zögern und versuchen müssen herauszufinden, was da vor sich ging.)

Wir begrüßten uns. Wir fuhren mit dem Fahrstuhl in den dritten Stock und gingen schweigend an der Etagenbeschließerin vorbei. Wir gingen durch einen prunkvollen Korridor mit frisch gebohnertem dunklem Parkett.

»Ihre Helden«, drehte Petrow sich zu mir um, »hat es in eine solche Szenerie wohl noch nie verschlagen?«

»Bisher nicht.« Mit dem Wort »bisher« wollte ich andeuten, daß es noch möglich wäre.

(Dasselbe hatte er andeuten wollen, wie ich später begriff.)

Wir betraten Zimmer Nummer 480. Ein großer Raum. In der Mitte ein Tisch mit Stühlen. Rechts von der Tür, näher am Fenster, zwei tiefe Sessel mit dem Rücken zur Wand. Davor ein Zeitungstischchen. (Das Ganze das Bühnenbild eines Spezialdesigners.) Ein Gemälde hoch oben an der Wand zwischen den Sesseln und der Tür. In der linken, von der Tür weiter entfernten Ecke eine von einer roten Portiere halb verhängte Nische, in der ein Stück von einem Bett zu sehen war.

»Wohin setzen wir uns?« Petrow ließ die Blicke

schweifen. »Warum nicht hierher.« Er bot mir den einen der Sessel an und nahm selber in dem anderen links von mir Platz.

Ich zog meine Zigaretten heraus. Zacharow brachte mir einen Aschenbecher, schob einen Stuhl heran, setzte sich an die andere Seite des Tischchens und wandte mir aufmerksam sein Gesicht zu.

»Du rauchst doch auch?« fragte Petrow ihn.

»Ja«, sagte Zacharow und holte kurz eine noch unangebrochene Packung »Stolitschnye« aus seiner Jackentasche. Als er seine Zigaretten herzeigte, bemerkte ich, daß ein rechteckiger Gegenstand neben der Armbanduhr an seinem linken Handgelenk baumelte. Ich hielt es für eine Art Berlocke und interessierte mich nicht weiter dafür.

Das Gespräch begann mit Belanglosigkeiten. Petrow meinte, es sei heiß in Moskau und ob ich nicht auf meine Datsche fahren werde. Doch, das hatte ich vor.

»Werden Sie dort arbeiten?«

»Am Schreibtisch und im Gemüsegarten.«

»Wie der Züchter im ›Tschonkin‹?« lachte Zacharow.

»Ungefähr.«

»Und was pflanzen Sie an?« fragte Petrow.

»Von allem etwas. Gurken, Zwiebeln, Petersilie.«

»Aha. Aber mit Radieschen«, bemerkte er beiläufig, »haben die Gartenfreunde manchmal Schwierigkeiten …«

Er warf Zacharow einen selbstzufriedenen Blick

zu, sah mich von der Seite an und erwartete wohl von mir Verblüffung über seine Kenntnis meiner gärtnerischen Mißerfolge. Er wurde enttäuscht (wäre ich ausgebuffter, hätte ich ihm vielleicht etwas vorgemacht). Daß meine Radieschen nichts wurden, hatte ich neulich jemandem am Telefon erzählt, und daß mein Telefon abgehört wurde, war sonnenklar.

»Ach übrigens«, sagte Petrow und stand plötzlich auf, »sehen Sie sich das einmal an, das ist ein sehr interessantes Bild. Ihre Helden, würde ich sagen, oder?«

Ich erhob mich gleichfalls, ging zu Petrow hin und sah hinauf. Das Gemälde zeigte Knaben, die im Wasser standen und einen Fisch schon fast im Netz hatten.

»Das sollen meine Helden sein?« wunderte ich mich.

»Na ja, Bauernjungen«, erklärte Petrow. »Das entspricht doch Ihrem Stil, kommt mir vor. Ist das ein Schleppnetz, was die beiden halten?«

»Keine Ahnung, ich bin kein Fischer«, sagte ich.

Wir setzten uns wieder hin. Ich steckte mir eine Zigarette an und sagte, ich hätte lange über unser vorhergehendes Gespräch nachgedacht und sei mir nicht im klaren, was das alles zu bedeuten habe, ob es nicht nur eine Falle oder Provokation sei (Zacharow griff sich bei diesen Worten natürlich an den Kopf); sollten aber meine Gesprächspartner meine Heimkehr in die sowjetische Literatur ernstlich erwägen, habe ich ihnen einen praktikablen Plan vorzuschlagen. Für den Anfang solle ein Band ausgewählter Erzählungen erscheinen, basierend auf dem, was seinerzeit der »Nowyj mir« abgedruckt hatte, unter Einschluß der Erzählung »Brieffreundschaften«, die nur deshalb in der Possev-Zeitschrift »Grani« erschienen war, weil »Nowyj mir« sie zwar angenommen, dann aber doch nicht gebracht hatte.

Zur Erläuterung muß ich dem Leser sagen, daß ich bei ernsthafter Erwägung dieses Vorschlags auf Details nicht bestanden hätte. Ob ein solcher Band veröffentlicht wurde oder nicht, war mir im Grunde fast gleichgültig. Hauptsache, man ließ mich in Ruhe.

»Gut«, stimmte Petrow zu. »Und wo soll Ihr Buch erscheinen? In welchem Verlag?«

»In jedem x-beliebigen.«

»Was heißt: in jedem x-beliebigen? Lassen Sie uns darüber nachdenken, zu welchem Sie die besten Beziehungen haben.«

»Die Beziehungen haben Sie.«

Das wies er von sich und bestand weiter darauf, ich solle meine Beziehungen benennen, was mich etwas stutzig machte. Dann fragte er, wie ich es mit dem Schriftstellerverband halten wolle. Ich sagte, wie schon, der interessiert mich am wenigsten. Petrow entgegnete, daß ohne meine Rückkehr in den Schriftstellerverband gar nichts zu machen sei, und schlug mir vor, S. S. Smirnow anzurufen, den damaligen Ersten Sekretär des Moskauer Verbands. Ich lehnte das ab und sagte, es dränge mich nicht, wiederaufgenommen zu werden. Desungeachtet begann Petrow mich nach meinen Beziehungen zu den leitenden Leuten des Schriftstellerverbands auszufragen. Ich wich einer direkten Antwort aus, obwohl ich in Wahrheit dort zu niemandem Beziehungen hatte. Dann fragte er wieder, mit welchen begabten jungen Schriftstellern ich bekannt sei – er wolle sie unterstützen. Wieder gab ich an, keinen zu kennen.

Ich glaube nicht, daß mir diese Fragen gestellt wurden in der Annahme, daß ich wirklich jemanden verraten würde, sondern um mich zu verwirren und mich mit einem zufällig geäußerten Namen unter Druck setzen zu können.

Je länger das Gespräch sich hinzog, desto unheilschwangerer wurde es. Trotzdem versuchte ich, ihnen die tatsächliche Situation in der Literatur und im Lande auseinanderzusetzen, erklärte mich sogar bereit, einen objektiven Bericht abzufassen, jedoch nur unter der Bedingung, daß er an »Ihren Chef«, wie ich sagte, weitergeleitet wurde, womit ich Andropow meinte. Ich muß gestehen, daß ich peinlicherweise damals noch dem Gerücht glaubte, von allen Politbüromitgliedern sei Andropow der gemäßigtste und nüchternste Politiker. Später änderte ich diese Meinung restlos. Ich kam zu der Ansicht, daß Andropow ein Mensch von primitivem Polizeiverstand und simpler Geistesart war, vielleicht sogar mit einem kleinen psychischen Knacks, wofür seine Gedichte und die Don-Quijote-Figur im Vorzimmer sprachen (ein Interieur, zu dem auch Himmler oder Torquemada gepaßt hätten). Er verfügte über keinerlei staatsmännisches Denken, und es ist kein Zufall, daß seine Regierungsreformen sich darauf beschränkten, Störer der Arbeitsdisziplin in eingeseiftem Zustand in Badehäusern einzufangen.

»Sehr gut!« begrüßte Zacharow meine Absichten. »Wir leiten Ihren Bericht auf jeden Fall weiter.«

»Ja«, sagte Petrow, »ein solches Dokument ist zweifellos ganz unumgänglich. Ich persönlich hätte allerdings gern, wenn Sie in diesem Dokument im Detail erzählen könnten, wie Sie die Verbindung zu Auslandskorrespondenten herstellen und wie diese Verbindungen sich entwickeln ...«

Mit diesem Ansinnen verwies er mich auf meinen Platz, ich erinnerte mich, mit wem ich es zu tun hatte, und begriff, in welch lächerliche und erbärmliche Lage ich mich gebracht hatte. Petrow war es vielleicht unbekannt, ich aber wußte, daß wir beide Vorgänger bei dieser Art von Gespräch hatten. Ein Geheimpolizist vergangener Zeit (wohl der berühmte Sudejkin) hatte auf den im Verhör vorgebrachten Vorschlag eines Nihilisten, Rußland von Grund auf zu reformieren, ungefähr so reagiert: »Wir werden Ihren Plan unbedingt prüfen, aber seien Sie doch so liebenswürdig, uns zunächst eine Liste all ihrer Mitgenossen anzufertigen, mit Familiennamen, Decknamen, Kennzeichen und Adressen.« Ich selbst hatte in einem der noch nicht abgeschlossenen Kapitel des »Tschonkin« eine Episode beschrieben, wie der Züchter Kusma Gladyschew während der Okkupation zum deutschen Kommandanten geht und ihm vorschlägt, die Gemüseversorgung der gesamten deutschen Armee vermittels der allgemeinen Verbreitung von WEZUMS sicherzustellen (der Züchter hat diese Hybride nun umbenannt in WE-ZUMNAS – d. h. Weg zum Nationalsozialismus). Woraufhin der Kommandant ihm verspricht, den Vorschlag auf jeden Fall auf höchster Ebene zu diskutieren, doch vorerst sei wünschenswert, daß der Herr Gelehrte die Partisanen, Juden und Kommunisten an seinem Aufenthaltsort angebe.

»Ach so«, sagte ich zu Petrow, »ich hatte gedacht, mit Ihnen könnte man ernsthaft reden.«

»Durchaus«, bestätigte Petrow. »Wenn Sie ein objektives Bild zeichnen wollen, dann müßte zu seiner Vervollständigung …«

»Schon gut«, sagte ich, »dies ist ein offensichtlich unnützes Gespräch.«

»Aber nicht doch. Uns bekümmert die derzeitige Situation sehr.«

»Den Eindruck habe ich nicht«, bemerkte ich ungläubig, setzte aber trotzdem zu irgendwelchen Erklärungen an, wobei ich versuchte, mich auf die Lage der Literatur im allgemeinen und besonderen zu beschränken.

»Stellen Sie sich vor«, brachte ich ein konkretes Beispiel, »ein Schriftsteller hat einer Redaktion ein Manuskript geschickt …«

»Welcher Schriftsteller?« unterbrach mich Petrow.

»Unwichtig. Er schickt also das Manuskript …«

»Wie heißt er?«

»Woinowitsch.«

»Ah ja.« Petrow verlor jegliches Interesse an dem Schriftsteller und seinem Manuskript.

94

Das Gespräch kam auf den Literaturfonds. Petrow erkundigte sich, ob ich Mitglied dieser Organisation sei. Ich sagte, nein.

»Hat man Ihnen mitgeteilt, daß Sie ausgeschlossen wurden?«

Wieder gab er mir zu verstehen, er wisse alles über mich, und wieder war klar, daß sie nur das wußten, was sie abgehört hatten. Mit irgendwem hatte ich kürzlich am Telefon über meinen inoffiziellen Ausschluß aus dem Literaturfonds gesprochen. Hielt er mich für blöd, oder war er es selber?

»Nein, man hat es mir nicht mitgeteilt.«

»Und woher wissen Sie es?«

»Eine Frau hat es mir erzählt.«

»Welche Frau?«

»Die dort arbeitet.«

»Name?«

»Wozu müssen Sie das wissen?«

»Wieso? Wir müssen doch wissen, ob man sich auf Ihre Worte verlassen kann.«

»Prüfen Sie es doch selber nach. Rufen Sie an und fragen Sie nach.«

»Selber anzurufen ist uns etwas unangenehm. Dann kommt doch sofort das Gerücht auf, das KGB interessiere sich für Sie.«

»Sie haben doch Ihre Leute dort, rufen Sie die an.«

»Was für ›unsere Leute‹?« wunderte sich das Unschuldslamm Zacharow.

»Nun – einen Mann haben wir da«, rang sich Petrow ein Geständnis ab.

»Dann fragen Sie diesen einen.«

»Das ist auch nicht angenehm, er könnte es aus-
plaudern.«

»Also ich glaube, daß Sie als Spione überall hin-
einkommen, auch in den Literaturfonds.«

Dabei schaute ich zu Zacharow hin und bemerkte, daß er seine Hände irgendwie unnatürlich
hielt, vorgereckt und zu Fäusten geballt. Und mir
fiel auf, daß der Gegenstand, den ich für eine
Berlocke gehalten hatte, ihm aus dem Ärmel ge-
rutscht war und, wie ich zu sehen meinte, an zwei
Elektrolitzen baumelte.

»Was ist das? Ein Mikrofon?« fragte ich und
streckte die Hand aus, um es abzureißen, doch es
gelang Zacharow, seine Hand wegzuziehen.

Aber mit Petrow geschah etwas völlig Unerwar-
tetes. Er verfiel plötzlich in einen seltsamen Zustand, fing an zu röcheln und zu zucken und andauernd mit dem Kopf zu nicken und zu murmeln:
»Wir sind ganz offen mit Ihnen, wir sind nicht offen mit Ihnen, wir sind ganz offen mit Ihnen …«

Und so viele Male nacheinander. Verblüfft
starrte ich ihn an, es hörte gar nicht auf: »… wir
sind ganz offen mit Ihnen, wir sind nicht offen mit
Ihnen …«, plötzlich rollte er die Augen wie der
Zauberer in Gogols »Furchtbarer Rache«, schien
aufstehen und die Arme nach mir ausstrecken zu
wollen, sein Gesicht verzerrte sich entsetzlich,
wohl vor Atemnot, und er keuchte: »Soll ich dir
von meiner Familie erzählen?«

Da auf einmal erschlaffte er, setzte sich wieder
und kam langsam zu sich, als erwache er.

»Das ist nicht nötig«, sagte ich etwas mitgenommen von dem eben Gesehenen. »Sagen Sie mir lieber, wer Sie sind.«

»Leiter der Abteilung«, sagte er mit schon völlig normaler Stimme.

»Verantwortlicher Mitarbeiter des Komitees«, ergänzte Zacharow respektvoll.

Ich sah sie beide an. Sie saßen auf ihren Plätzen, in demselben Zimmer, nichts hatte sich geändert. Als wäre nichts gewesen. Aber es war etwas gewesen. Ich hatte die Empfindung, sie oder ich – oder sie und ich miteinander – wären in einer anderen Dimension gewesen, wären jetzt zurückgekehrt und könnten uns nicht entsinnen, wovon wir vorher gesprochen hatten.

Wovon auch immer, mir war schlagartig klar, daß unser Gespräch sich hinschleppte und keinerlei Sinn hatte.

»So ist das also«, sagte ich, fest entschlossen zu gehen. »Von Offenheit brauchen Sie mir nichts vorzufaseln. Und mir auch kein Mikrofon unter die Nase zu halten.«

»Ja, was macht es für dich …« Ich sah ihn an und wollte ihm sagen, er solle mich nicht duzen, aber er verbesserte sich selbst. »… für Sie für einen Unterschied, wo das Mikrofon ist, im Ärmel oder in der Wand. Es muß Ihnen doch klar sein, daß in diesem Raum überall Mikrofone eingebaut sind.«

Daran war etwas Wahres. Ich bezweifelte schließlich nicht, daß meine Worte aufgezeichnet wurden. Und wenn schon, ich machte aus meiner Einstellung kein Geheimnis. (Ich hielt es damals wirklich für meine Pflicht, allen Funktionären, die mir über den Weg liefen, »die Wahrheit ins Gesicht« zu sagen, obwohl das soviel Sinn hatte wie mit einem Pfosten zu reden. Später dachte ich, man hätte all diesen verlogenen Partei-, Verbands- und KGB-Funktionären ins Gesicht lügen müssen, bei jeder Gelegenheit und soviel wie möglich, damit sie in der Lüge ertranken. Man mußte dabei aber scharf aufpassen, um nicht die Grenze zu überschreiten, wo mit der Lüge *ihnen gegenüber* die Selbsttäuschung einsetzte.)

Ich blieb (was wäre wohl passiert, wenn ich gegangen wäre?), und unser Gespräch ging weiter.

Wir redeten darüber, daß jeder Schriftsteller seine eigene schöpferische Methode hatte.

»Dudinzew, zum Beispiel«, sagte Petrow, »hat sich Beutel an die Wand gehängt. Er schreibt ein paar Seiten und tut sie in den einen Beutel. Dann schreibt er noch welche und tut sie in den anderen. Aber Sie schreiben nicht so?«

»Nein«, antwortete ich, »ich mache es anders. Meine schöpferische Methode besteht darin, meine Blätter ganz woanders zu verstecken. Viel weiter weg, so daß Sie bei mir nichts finden würden. Nach der Beschlagnahme von Grossmans Manuskript haben viele Schriftsteller sich derartige schöpferische Methoden angeeignet.«

In Wirklichkeit war das, was ich sagte, reiner Bluff. Ich hatte und habe kein Talent zur Konspiration, ich habe noch nie etwas geheimhalten können und werde das auch nie lernen. Alle meine Manuskripte lagen bei mir offen auf dem Tisch. Ab und zu hatte ich den Versuch gemacht, etwas zu verstecken, vergaß aber, wo. Manchmal hatte ich irgendwelche Texte Bekannten zur Aufbewahrung gegeben. Und dann vergessen, was wem. Und da sie es auch vergaßen, liegen vielleicht jetzt noch irgendwelche Manuskripthaufen von mir spinnwebüberzogen unter irgendwelchen Betten.

Petrow drehte plötzlich seinen Sessel so um, daß er mir frontal gegenüber saß.

»Stellen Sie sich doch einmal vor«, sagte er, »Sie seien der Sekretär des Schriftstellerverbands und ich der Schriftsteller Petrow.«

»Ich stelle es mir vor. Von dieser Art Schriftsteller gibt es im Moment eine ganze Menge.«

»Warum sagen Sie so etwas?« reagierte Zacharow beleidigt, entweder für seinen Vorgesetzten oder für den Schriftstellerverband.

Petrow aber schien nicht gekränkt.

»Sie haben erfahren, daß ich, der Schriftsteller Petrow, etwas bei Possev veröffentliche. Sie bestellen mich zu sich ...«

»Aber das tue ich gar nicht. Veröffentlichen Sie doch, wo Sie wollen ...«

Unterdessen geschah mit mir etwas Merkwürdiges. Ich hatte das Gefühl, meinen Gesprächspartner schlecht zu verstehen, ich mußte nachfragen, mich konzentrieren. Die Unterhaltung war absolut idiotisch, aber irgendwie machte ich keine Anstalten, sie abzubrechen. Petrow schaute mich länger durchdringend an (wahrscheinlich hatte er darum auch den Sessel gedreht), als wolle er sich irgendeiner Sache vergewissern. Möglicherweise kam er dann zu einem Schluß, jedenfalls drehte er den Sessel wieder zurück und fuhr fort mit seinem trägen Gerede über dies und das, insbesondere auch über das KGB.

Er schien zu beklagen, daß dem KGB soviel Mißtrauen begegnete. Alles schob man dem KGB in die Schuhe. Auch von Viktor Popkow hieß es, das KGB habe ihn umgebracht. Sie haben doch von dieser Geschichte gehört, oder? Nein? Von dem Maler Popkow? Nichts gehört? Wie das denn … Wie Popkow ermordet wurde, haben Sie nicht gehört? Der Wirbel, den die ganze westliche Presse gemacht hat (das kann Ihnen doch nicht entgangen sein!): Geheimdienst ermordet linken Maler (dabei war er gar nicht links). Und was war in Wirklichkeit passiert? Popkow hatte betrunken ein Taxi angehalten und war eingestiegen. Es war schon ein Fahrgast darin, ein Kassierer, der auch einen sitzen hatte. Und der hatte vor lauter Schreck geschossen. Die Kugel drang hier ein (Petrow bog den Kopf zurück und deutete mit einem gierig-schiefen Grinsen in meine Richtung auf eine Stelle zwischen Kinn und Adamsapfel) und trat hier wieder aus (er schien sich etwas Unsichtbares aus dem Nacken zu ziehen). Und dann hieß es, wir hätten Popkow ermordet. Immer sollen wir es gewesen sein. Wir seien die Mörder. Aber das waren nicht wir (und er fing an mir zuzuzwinkern: wir, wir, wir).

Dann kam die Rede wieder auf die WAAP. Ich sagte: »Ich brauche Ihre WAAP nicht. Ich habe meinen amerikanischen Anwalt, der sich um meine Rechte genügend kümmert.« (Da übertrieb ich aus Unkenntnis.)

»Stehen Sie in ständiger Verbindung mit Ihrem Anwalt?« wollte Petrow wissen.

»In ständig unterbrochener.«

»In unterbrochener?« Er zeigte sich dermaßen erfreut, als habe er nur auf dieses Wort gewartet. »Auch unser Leben ist ja eine sehr leicht« (schnelles Nicken, Zwinkern, verzerrtes Gesicht) »unterbrochene Angelegenheit ... Ach ja«, vernebelte er die Drohung mit philosophischer Gebärde, »was ist unser Leben im Vergleich zur Ewigkeit? Nur ein Augenblick. Wissen Sie überhaupt«, fuhr er plötzlich auf, »daß wir Weisung haben, Sie zu warnen?«

»Warum machen Sie hier dann noch Faxen? Warnen Sie mich.«

»Wir wollen es doch im guten probieren.«

»Wenn Sie Weisung haben, es im schlechten zu tun, halten Sie sich an Ihre Weisung.«

Zacharow mischte sich ein.

»Ich wollte doch noch, hihi, etwas zum ›Tschonkin‹ sagen. Meiner Meinung nach ist das ein sehr antisowjetisches Buch. Alles ist da so seltsam. Dieser Zettel ›Wenn ich im Kampf falle, dann betrachtet mich als Kommunisten‹, der dann plötzlich, hihi, unter dem Pferdehuf zum Vorschein kommt.«

»Es gefällt Ihnen also doch nicht«, sagte ich.

»Das hätten Sie gleich sagen können. Ich war mir sicher, daß es Ihnen nicht gefallen würde.«

»Nein, wissen Sie, so ein Buch, hihi, zum dreißigsten Siegestag herauszubringen ...«

(Glaubte er etwa wirklich, ich hätte es speziell auf diesen dreißigsten Siegestag angelegt und nicht vielleicht auf den neunundzwanzigsten oder einunddreißigsten?)

Die Drohungen wurden von besänftigenden Tönen abgelöst. Petrow hoffte, daß in mir trotz allem noch etwas Sowjetisches sei.

»Sie waren doch Arbeiter. Das hatte doch nichts von dieser verfaulten« (er fand kein frischeres Wort) »Intelligenz. Vielleicht sollten Sie in einem Arbeiterkollektiv wieder auftanken?«

»Wollen Sie mich an die Werkzeugbank oder hinter den Schubkarren stellen?«

»Aber nicht doch!« rief Zacharow aus. »Denken Sie, hihi, wir wollten Sie nach der chinesischen Methode umerziehen?«

»Zur chinesischen Methode gehört aber noch, daß der Zögling damit einverstanden ist.«

»Eins kann ich nicht verstehen«, schlug Petrow sich aufs Knie, »wenn Sie siebzig wären, also in einem Alter, wo das Leben eigentlich vorbei ist*, aber sein Leben mit dreiundvierzig zu beenden … Nein, das verstehe ich nicht.«

Seine Worte rauschten an mir vorbei. Ihren Sinn begriff ich erst später. Vorläufig redete ich noch, argumentierte, unternahm zwischendurch den abwegigen Versuch, meine Gesprächspartner von der Harmlosigkeit meiner Werke zu überzeugen, dann wieder erklärte ich das Gegenteil.

---

* Ich verstand diese Worte damals als Anspielung auf Lydia Tschukowskaja. Die Staatsmacht war sehr erbost über sie, rührte sie aber nicht an in der Hoffnung, sie werde sie wegen ihres Alters (damals 68) und schwachen Herzens sowieso bald los sein. Lydia Kornejewna ist heute 85, bei guter Gesundheit, und ich hoffe, sie wird die Hoffnungen ihrer Feinde noch lange nicht erfüllen. (Anm. d. Verf.)

Während ich redete, war Zacharow besorgt zur Tür hinausgeeilt (warum nur?), kam aber bald zurück, setzte sich auf seinen alten Platz, doch fing er nun an, zappelig zu werden.

Ich schaute auf ihn, schaute auf Petrow und erkannte auf einmal ganz klar, daß vor mir zwei Golems saßen, zwei unbeseelte Gegenstände, die eine Aufgabe durchführten, auf die eine lenkende Hand sie angesetzt hatte. Sie waren das Beil, mit dem die Hand Holz oder Nüsse hacken, Nägel einschlagen oder den Kopf abhauen konnte. Es war sinnlos, sie von irgend etwas überzeugen zu wollen, ein Beil ließ sich von Überzeugungen nicht beeinflussen. Warum nur war ich hierher gekommen? Und warum sie? Wenn sie überhaupt nicht aufnahmebereit waren, worin bestand dann ihre Aufgabe?

Ich sah auf die Uhr und war überrascht. Es war genau sieben. Das hieß, ich war seit drei Stunden hier. Und mir war es vorgekommen wie vierzig Minuten, nicht mehr. Ich stand auf. Sie auch. Wieder fragten sie mich, ob ich auf die Datsche fahre und welches Gemüse ich ziehen wolle. Ich sagte: WEZUMS. Sie kicherten und schlugen mir vor, sie in vierzehn Tagen anzurufen. Ich sagte zu, drückte ihnen die Hand, obwohl ich mich selber wunderte, warum ich das tat. Dann machte ich ein paar Schritte, aber nicht in Richtung Tür, sondern zu der von der roten Portiere halbverhängten Nische.

»Nein, nein, nicht dorthin«, erschrak Petrow und drehte mich zur Tür um, die vor mir aufstieg wie aus einem Nebel.

Nach dem Metropol

In einem seltsamen Zustand ging ich den Korridor entlang und nahm wieder die dem Ausgang entgegengesetzte Richtung. Ich kam zu einer Glastür. Sie war verschlossen, und ich stand lange davor und versuchte zu begreifen, wie ich hindurchkäme (und diejenigen, die mich beobachteten, waren wahrscheinlich zufrieden). Endlich schwante mir, daß ich woandershin wollte, ich ging zurück, an der Etagenbeschließerin vorbei, ich schaute sie an, es interessierte mich, wie sie auf jemanden reagierte, der aus Zimmer 480 kam. Ich konnte ihr Gesicht nicht erkennen, es verschwamm irgendwie, aber das erstaunte mich nicht.

Ich fuhr nach unten und ging nach draußen.

Mir war elend. Alles schmerzte: der Kopf, das Herz, die Beine. Meine Waden waren wie versteint. In dem Zustand hätte ich sofort nach Hause fahren müssen. Und hätte es getan, wenn ich meinen Zustand auch nur annähernd begriffen hätte. Doch ich begriff ihn nicht. Sondern erinnerte mich: Ira hat mich gebeten, Naphthalin zu kaufen. Normalerweise hatte ich überhaupt kein Gedächtnis für ihre Aufträge. Jetzt aber schien mir, ich könnte ohne Naphthalin nicht nach Hause kommen. Wie ein Automat handelte ich nach einem vorher eingegebenen Programm.

Ich ging wie ein uralter Mann, vornübergebeugt, und konnte die Füße kaum voreinandersetzen. Ich nahm die Unterführung unter dem Marx-Prospekt, kam zum Kusnezkij most und wandte mich nach rechts zur Lubjanka. Kurz vor dem Hauptgebäude des KGB befand sich dort ein kleines Haushaltswarengeschäft.

Ich sah nur das, was direkt vor mir war, aber direkt vor mir war genau das, was ich suchte. Der Laden, das Naphthalin, ein Paket acht Kopeken. Ich multiplizierte lange acht und vier. Als ich das Geschäft verließ, erinnerte ich mich an den Berjoska-Shop und das Bier. Mir war jetzt gar nicht nach Bier, ich führte nur wieder ein Programm aus.

Es war kein Taxi da, und so schleppte ich mich zu Fuß, weiterhin mühsam einen Fuß vor den anderen setzend, zur Gorkijstraße. Fuhr von dort mit dem Trolleybus zum Weißrussischen Bahnhof. Ging von dort zum Berjoska-Shop. Er war geschlossen. Irgendwo anders war auch kein Bier zu kriegen (woher auch, es war schließlich etwa acht Uhr abends).

Wie ich nach Hause gekommen bin, weiß ich nicht genau, vermutlich mit der Metro. Auf Iras Fragen antwortete ich einsilbig (sie war mit dem Kind beschäftigt und merkte zunächst nichts). Ich fühlte mich irgendwie unwohl und machte den Fernseher an. Ein Hockeyspiel. Ich sah hin, begriff aber nicht, wer warum wohin rannte. Ich bemerkte, daß ich nichts begriff, war deswegen aber weder ärgerlich noch verwundert. Ich machte den Fernseher aus und ging zu den Kornilows ins Nachbarhaus hinüber. Obwohl es im Zimmer schon halbdunkel war, bemerkten Wladimir und Larissa als gute Freunde sofort, daß ich anders aussah als sonst. Auf ihre Frage: »Was ist passiert?« antwortete ich: »Nichts.« In dem Moment kam eine Nachbarin herein, und ich verzog mich, ohne etwas erzählt zu haben. Zu einem zusammenhängenden Bericht wäre ich auch wohl kaum imstande gewesen.

Wieder zu Hause, ging ich zu Bett und wollte gewohnheitsgemäß vor dem Einschlafen etwas lesen. Ich verstand nichts. Ich nahm mein eigenes Buch. Auch darin verstand ich nichts. Ich sah einzelne Wörter, konnte den Sinn des Satzes aber nicht erfassen.

Da ich von Natur gesund bin, nahm ich normalerweise keine Medikamente. Aber jetzt ging ich doch an die Hausapotheke und nahm eine Tablette Valium – es half nicht.

Um ein Uhr nachts fielen mir plötzlich mehrere Formulierungen Petrows ein, und erst jetzt ging mir ihre Bedeutung auf. Ira schlief mit der Kleinen im anderen Zimmer. Ich ging zu ihr, weckte sie auf, bat sie, mit mir auf den Balkon hinauszukommen, und sagte dort: »Weißt du, sie haben erklärt, sie würden mich umbringen.« Aber meinen Zustand konnte ich nach wie vor nicht richtig einschätzen.

Olga wurde wach und weinte, Ira ging zu ihr hinein. Ich legte mich hin und sah allmählich klarer, daß etwas Ungewohntes mit mir vorging. Ich schrieb meine Vermutungen nieder.

»Mir ist gar nicht gut. Sie haben irgendeine Methode, einen so umzubringen, daß man Herzbeschwerden hat. Bandera sollen sie so umgebracht haben.«

(Der ukrainische Nationalist Stepan Bandera war 1959 auf der Schwelle seiner Münchner Woh-

106

nung tot aufgefunden worden. Die Obduktion hatte Herzinfarkt ergeben. Zwei Jahre zuvor war ein Kampfgenosse Banderas, Lew Rebet, ebenfalls an Herzinfarkt gestorben. Es gab durchaus Zweifel, aber die medizinischen Expertisen lauteten in beiden Fällen auf Infarkt. Vor einigen Jahren erschien dann ein gewisser Bogdan Staschinskij – auf Betreiben seiner Verlobten Inge Pohl – bei der deutschen Polizei und gestand, im Auftrag des KGB Rebet und Bandera mit Blausäure aus einem Spezialrevolver erschossen zu haben. In beiden Fällen hatte er saubere Arbeit geleistet: ein Schuß ins Gesicht mit der Folge Infarkt, die Blausäurespuren hatten sich innerhalb weniger Minuten verflüchtigt. Kurz darauf wurde dieser Staschinskij nach Moskau gerufen, und Alexander Schelepin persönlich überreichte ihm den Orden der Roten Fahne »für die Erfüllung eines besonders wichtigen Auftrags«. Inge Pohl aber kam in Karlsruhe vor Gericht und legte ein Schuldgeständnis ab. Ohne das alles wüßte heute niemand, daß Rebet und Bandera nicht eines natürlichen Todes gestorben sind. – Ich füge diesen Exkurs hier ein, um zu zeigen, daß ich von Anfang an auf der richtigen Spur war.)

Von ein Uhr nachts bis fünf vor drei machte ich neunmal Notizen, vermerkte meinen Zustand, die eingenommenen Medikamente und was mir dazu durch den Kopf ging. Ich hatte einen stolpernden Puls, der sich nicht zählen ließ, und Kopfschmerzen. Ich nahm noch eine Tablette Valium, dann zwei Tabletten Belloid in der Annahme, auch das wäre ein Beruhigungsmittel (später erfuhr ich, daß es im Gegenteil ein Aufputschmittel war).

Nach drei schlief ich ein. Um fünf wachte ich auf. Mein Puls war bei 140 (jetzt genau meßbar). Und das, nachdem ich, wenn auch nicht lange, geschlafen hatte.

Bis acht wälzte ich mich im Bett, dann stand ich auf. Ich fühlte mich grauenhaft, war aber zu gewissen Schlüssen gekommen. Ich setzte mich an die Schreibmaschine und verfaßte einen offenen Brief an Andropow. Ich schrieb mehr oder minder zusammenhängend, aber nur von der Vorladung, den Drohungen und dem seltsamen Gemurmel Petrows nach der Entdeckung des Mikrofons. Ich schloß etwas pathetisch damit, daß der »Tschonkin« inzwischen auf der Welt sei und selbst das KGB ihn nicht mehr bezwingen könne (was ja auch stimmte). Und ich schrieb, daß ich mich mit diesem Brief nicht nur an Andropow wandte, sondern zu meinem Schutz auch an die Weltöffentlichkeit und an die Schriftsteller Heinrich Böll, Arthur Miller, Kurt Vonnegut, Alexander Solschenizyn und noch jemanden.

Tagsüber war ich mit der Abfassung, Vervielfältigung und Verbreitung dieses Briefes so beschäftigt, daß ich auf meinen Zustand nicht achtete.

Abends war in der Wohnung der Sacharows auf meine Bitte eine Pressekonferenz einberufen worden (ich befürchtete, sie bei mir zu Hause nicht abhalten zu dürfen). Ich verlas den Brief an Andropow und berichtete dann von meinem Verdacht auf Vergiftung. Aber ich hatte selber Zweifel an

108

meinen Schlußfolgerungen, sprach nicht überzeugend, und den Korrespondenten kam das Ganze erst recht sonderbar vor. Um so mehr, als ich keinerlei glaubhafte Erklärung dafür hatte, was konkret passiert sein konnte.

Ich äußerte die Vermutung, daß das, was ich für ein Mikrofon gehalten hatte, etwas anderes war, und versuchte, den Gegenstand zu beschreiben. Ein kleines Behältnis, wohl aus Kunststoff, Maße etwa $25 \times 20 \times 5$ mm. Seitenwände grün, die mir zugewandte Flachseite cremefarben. Auf dieser Flachseite einige kleine Öffnungen. Zwei Zuführungen (so meinte ich mich zu erinnern, später wurde ich unsicher), eine grüne von größerem Querschnitt, eine dünnere weiße. Mein Verdacht ging dahin, das Behältnis sei kein Mikrofon gewesen, sondern ein Zerstäuber für zwei Gase, die durch die zwei Schläuche zugeführt wurden.

Die Journalisten blickten ungläubig. An ihrer Stelle hätte ich das auch getan. Wobei ich mich trotzdem frage, wozu man in einem für spezielle Maßnahmen eingerichteten Zimmer ein Mikrofon im Ärmel versteckt haben sollte. Und wenn man schon eines verstecken wollte, warum dann ein so großes? Ein Mikrofon konnte heutzutage streichholzkopfgroß sein, ich besaß selber so eins. Sie etwa nicht? (Leute, die sich auskannten, erzählten mir später, daß auf Grund von Budgetkürzungen und Buchhaltungs- und Finanzprüfungen auch veraltete Technik benutzt wurde.)

Von allen Anwesenden auf der Pressekonferenz glaubte mir nur Andrej Sacharow. Als ich sagte, ich sei drei Stunden im Metropol gewesen, sie seien mir aber wie höchstens vierzig Minuten vorgekommen, vermutete er Ausfallerscheinungen.

Am 13. Mai fühlte ich mich noch immer miserabel. Der Kopf tat weh, meine Ohren waren zu, das Schweregefühl in den Beinen verging nicht. Tagsüber maß ich meinen Puls – 140. Ich nahm ein Herzmittel und legte mich hin.

Von meinen Freunden sahen mich in diesen Tagen Wladimir Kornilow und seine Frau Larissa Bespalowa, Benedikt und Slawa Sarnow. Sarnow maß selber meinen Puls und kam zum selben Ergebnis.

Am Abend des 13. Mai kamen zwei medizinische Koryphäen: mein Freund, der inzwischen verstorbene Boris Schubin, ein exzellenter Arzt, Doktor der Wissenschaften, und sein Kollege, ein Professor (den ich nicht nenne, weil ich nicht weiß, ob er einverstanden wäre). Sie waren beide hervorragende Spezialisten, allerdings nicht auf diesem Gebiet. Boris war Krebschirurg, sein Freund Hämatologe.

Beide hörten sich meinen Bericht aufmerksam an, beide glaubten mir nicht. Den Verdacht mit dem Gas widerlegten sie sofort.

»Und die beiden anderen, hatten die Gasmasken auf?«

»Nein, aber vielleicht hatten sie ein Gegengift eingenommen.«

»Unmöglich. Außerdem hätte Gas auf jeden Fall in erster Linie das Atemsystem beeinträchtigen müssen. Hattest du da irgendwelche Probleme?«

»Nein.«

»Halluzinationen?«

»Nein. Höchstens dieses Kopfnicken, Murmeln und Augenrollen von Petrow. Ich hatte gemeint, er wäre verrückt geworden. Aber vielleicht war ich es?«

»Übelkeit und Erbrechen?«

»Nein.«

»Hast du da etwas getrunken oder gegessen?«

»Nein.«

»Du hast deine eigenen Zigaretten geraucht?«

»Ja.«

»Wolodja«, sagte Schubin verstört, »glaub mir, was du erzählst, kann einfach nicht sein. Es war heiß, du hast dich aufgeregt, dein Blutdruck ist gestiegen, so etwas kann zu einer Bewußtseinstrübung führen. Das Mikrofon haben sie dir absichtlich gezeigt. Sie wollten dich psychisch fertigmachen. Du solltest von Vergiftung reden, damit sie dich für verrückt erklären können. Gut möglich, daß sie nur darauf warten.«

Trotzdem klopfte und horchte er mich ab und nahm meinen Puls.

»Eine gewisse Tachykardie liegt vor. Das macht die Aufregung. Du bist jetzt aufgeregt.«

»Ich rege mich auf, weil du mir nicht glaubst. Dort war ich kein bißchen aufgeregt. Im Gegenteil, idiotisch unbekümmert. Begreif doch, ich habe mir noch nie etwas eingebildet.«

»Aber so eine Geschichte ist dir auch noch nie passiert.«

Geschichten sind mir in meinem Leben diverse

passiert, aber das soll nichts besagen, ich war damals in einem anderen Alter und in einer anderen Situation.

Schubin glaubte mir also nicht.

Und ich geriet in Zweifel. Vielleicht hatte ich es mir wirklich nur eingebildet. Zu mir und anderen öffentlich bekannten Leuten kamen (und kommen) von Zeit zu Zeit kranke Menschen. Diese Kranken werden einer wie der andere langsam mit Gasen vergiftet, mit Gerüchen erstickt, von unsichtbaren Strahlen durchbohrt. Einer demonstrierte mir sogar die Bleiplatten, mit denen er sein Herz und andere wichtige Organe gegen Durchleuchtung abschirmte (ein Detail, das ich in der »Mütze« verwendet habe).

Ich fing an, meinen Empfindungen zu mißtrauen. Nachdem Schubin und sein Kollege gegangen waren, nahm ich noch mehr Herztropfen und legte mich schlafen.

In der Früh wachte ich beruhigt auf. Ja, natürlich, ich hatte es mir eingebildet. Und hatte, wie unangenehm, in Panik Schubin und seinen Freund veranlaßt, von weiß Gott woher zu mir zu kommen.

Ich maß mir den Puls. 140. Kopfschmerzen. Schweregefühl in den Beinen.

Doktor Arkadij Nowikow
Ich konsultierte noch einen Arzt. In meiner Darstellung aus dem Jahr 1975 habe ich ihn als einen alten Professor an einer Poliklinik geschildert. Das

war, um den betreffenden Arzt nicht in Schwierigkeiten zu bringen. Das ist nun nicht mehr möglich. Es war also kein alter, sondern im Gegenteil, ein recht junger Mann Anfang Dreißig. Sein Name war Arkadij Nowikow, und man hatte ihn mir als hervorragenden Diagnostiker empfohlen.

Ich fuhr mit Wladimir Kornilow zu Nowikow, und zwar nicht in eine Klinik, sondern zu ihm nach Hause, wo er privat praktizierte. Ich weiß noch, ich war erstaunt über seine Jugend und über seine für sein Alter ungewöhnliche Weitsichtigkeit – seine Augen wirkten durch die Brillengläser riesig.

Er bat Kornilow und mich, Platz zu nehmen, legte einige Blatt Papier vor sich hin und sagte: »Bevor Sie mir erzählen, was Ihnen passiert ist, beantworten Sie bitte meine Fragen.«

»Aber«, widersprach ich, »die Sache ist so außergewöhnlich, daß es vielleicht doch besser ist, gleich damit anzufangen.«

»Nein, nein. Zu Ihrer Sache kommen wir schon. Ich stelle Ihnen jetzt Fragen, die Ihnen zunächst vielleicht seltsam vorkommen, aber im nachhinein werden Sie verstehen, daß ich meine Gründe habe.«

Mir schien, daß er zu jugendlich war und darum allzusehr den Erwachsenen herauskehrte, aber ich hatte keine Wahl.

Es waren viele Fragen. Hatte ich in meiner Kindheit Malaria gehabt, Typhus, Keuchhusten, Scharlach, Ruhr. Hatte ich körperlich gearbeitet? Wie lange? Jetzige Lebensweise? Wohnbedingungen? Beziehungen innerhalb der Familie? Machte ich Gymnastik? Spaziergänge? Seit wann rauchte ich und wie viele Zigaretten pro Tag?

Ich sagte ihm das alles.

»Gut«, sagte Nowikow, »und jetzt erzählen Sie bitte Ihre« – leichte Ironie – »außergewöhnliche Sache.«

Beim Zuhören sah er ein paarmal zu Kornilow hin, weil er offenbar wissen wollte, wie dieser zu meinen Hirngespinsten stand.

»Also das«, sagte er dann im Tonfall eines gesetzten älteren Menschen, »erzählen Sie bitte nie wieder jemandem. Glauben Sie mir, ich kenne viele Kranke, die ähnliche Geschichten erzählen.«

»Solche Leute kenne ich auch«, sagte ich.

»Sehen Sie, auch Sie kennen das. Ich untersuche Sie jetzt, und Sie werden sehen, daß mit Ihnen alles in Ordnung ist.«

Ich mußte mich auf einer Liege ausstrecken, und er schnallte mir die Sensoren eines tragbaren Elektrokardiographen um.

Er stellte den Apparat an.

»Hm, irgend etwas klirrt da.«

Er verschob den Sensor am linken Handgelenk. Er zählte mehrfach den Puls, maß den Blutdruck, auskultierte mich und lehnte sich verblüfft zurück.

»Doch!«

»Was, doch?« fragte ich mit begreiflicher Ungeduld.

»Doch, Sie haben Anzeichen irgendeiner Vergiftung. Für Ihren angegriffenen Zustand ist Ihr Puls zu hoch. Ihr Blutdruck auch. Sie sind vermutlich Hypotoniker?«

»Ja.«

»Ihr Blutdruck ist 130 zu 90. Für Sie ist das viel. Ich bin auf dem Gebiet kein Fachmann. Sie bräuchten einen Toxikologen. Nach dem, was ich weiß, halte ich es für die Reaktion auf ein Narkotikum. So etwas wie LSD oder Chlorpromazin. Wie viele Tage ist es her? Drei? Sie meinen, daß man Sie mit einem Gas vergiftet hat? Und die anderen sind nicht aus dem Zimmer gegangen?«

»Einer ja.«

»Und der andere ist die ganze Zeit drinnen geblieben?« Er schüttelte den Kopf. »Nein, Gas entfällt. Und Sie haben dort nichts gegessen oder getrunken? Und haben Ihre eigenen Zigaretten geraucht?«

Auch Schubin hatte mich nach den Zigaretten gefragt, und ich hatte gesagt, ja, ich hätte meine eigenen geraucht. Und da auf einmal fiel es mir ein! Für einen Augenblick hatte Petrow mich vom Tisch weggelockt, auf dem meine Zigaretten lagen. Als er mir das Bild zeigte, das völlig uninteressant war. Dieser allergewöhnlichste Ablenkungstrick, den Diebe gern anwenden und den ich aus der Berufsschule kannte. Ein kindisch einfacher Trick: Guck mal, da fliegt ein Vogel! Oder: Guck mal, da hängt ein Bild! Während Petrow mich ablenkte (und einen anderen Sinn hatte das Zeigen des Bildes nicht), hatte Zacharow die Packung ausgetauscht. Bei meiner totalen Sorglosigkeit war nichts leichter als das. Wieso war mir das nicht gleich eingefallen?

Jetzt wurde auch klar, warum Zacharow bei unserem ersten Treffen in der Lubjanka von mir Zigaretten geschnorrt hatte. Sie hatten sehen wollen, wie wachsam ich war. Vielleicht hatten sie damals sogar schon den Austausch geprobt. Die Probe war gelungen. Mehr als das. Ich hatte nicht nur nicht auf meine Zigaretten geachtet, sondern sie ihm eigenhändig hingeschoben, damit er nicht jedesmal fragte.

In Wirklichkeit war Zacharow wohl eher Nichtraucher. Im Hotel hatte er mir extra seine Packung »Stolitschnye« gezeigt, damit ich bemerkte, daß er eine andere Sorte hatte. Die Packung war unangebrochen gewesen. Und ich kann mich nicht entsinnen, daß er sie aufgemacht und geraucht hätte. Das war nicht mehr nötig, und also konnte er das Rauchen bleiben lassen. (Um so mehr, als es eine Staatspackung war, die er heil zurückgeben mußte, sonst hätte man ihm ja von seinem Gehalt vierzig Kopeken abziehen können.)

Warum ich mich nicht gleich daran erinnert hatte? Weil mir das Gedächtnis erst allmählich zurückkam, stückweise sozusagen.

Bis zum Besuch bei dem Arzt und auch danach noch – insgesamt etwa sechs Tage – spürte ich die Folgen der Vergiftung. Sechs Tage hatte ich Ringe unter den Augen, Schweregefühl und Brennen in den Waden, nahm ich ohne jede Diät stark ab.

Ich notierte damals, ich hätte fünf Kilo verloren. Man soll solche Angaben nachträglich nicht ändern. Allerdings kann ich jetzt, nachdem ich sehr viel sicherere Beweise des Vorgefallenen habe, auch zugeben, daß ich diese Zahl genannt habe, um

116

mich nicht dem Vorwurf der Übertreibung auszusetzen. Unsere Waage funktionierte sehr schlecht. Ihre Angaben schwankten, je nachdem wie man sich draufstellte. Sie zeigte mir damals einen höheren Gewichtsverlust, acht Kilo vielleicht, aber ich traute mich nicht, ihr zu glauben, und nahm eine niedrigere Zahl, ganz grundlos möglicherweise.

Andrej Amalrik und die Liebe zum Geld
Ich zeigte mich noch einer ärztlichen Kapazität, der Psychiaterin Alla.

»Ja«, sagte sie, nachdem sie mich angehört hatte, »einwandfrei eine völlig verrückte Geschichte.«

»Heißt das, du glaubst mir nicht?«

»Nein, ich glaube dir.«

»Alles, was ich erzählt habe?«

»Ja. Ich wüßte nicht, warum du lügen solltest.«

»Und du meinst nicht, daß ich verrückt bin?«

»Nein, bestimmt nicht.«

»Warum?«

»Weil du der normalste Mensch bist, den ich kenne.«

»Und wo ist die Grenze zwischen normal und anomal?«

»Also, um das genau zu erklären, müßte ich dir eine ganze Vorlesung halten. Aber eine solche Grenze gibt es.«

»Aber sie können mich trotzdem für verrückt erklären.«

»Nein, können sie nicht.«

»Warum nicht?«

»Weil du nicht verrückt bist.«

»Aber sie sperren schließlich normale Leute in Irrenanstalten ein.«

»Wer sagt das?«

»Willst du etwa abstreiten, daß sie normale Leute einsperren?«

»Abstreiten nicht. Aber wenn du dir einmal unvoreingenommen anschaust, wen sie in die Irrenanstalt stecken, dann merkst du, daß jeder von denen irgendwo auffällig ist: unausgeglichener Charakter, Jähzorn, Streben nach Weltveränderung, Selbstüberschätzung, alles natürlich keine klinischen Symptome, aber doch Mücken, aus denen man Elefanten machen kann, und du hast keine solche Mücke. In deinem Verhalten gibt es keine Anzeichen, die man für eine Diagnose heranziehen könnte.«

Ich schilderte dieses Gespräch Andrej Amalrik.

»Klar«, sagte er, »in die Klapsmühle stecken sie nicht jeden. Mit mir zum Beispiel würden sie das nie tun. Wissen Sie, warum? Es gibt bei ihnen einen grundlegenden Test – die Einstellung des Menschen zu seinem persönlichen Wohlergehen. Wenn der Mensch irgend etwas uneigennützig tut, für eine Idee, für die Wahrheit, für Heimat und Freiheit, dann heißt das, er tickt nicht richtig. Aber ich sage immer zu ihnen: Ich, Bürger Untersuchungsrichter, arbeite nicht unentgeltlich, ich arbeite nur für Bares, ich liebe das Geld, und das habe ich bei einer Schweizer Bank zu sehr guten Zinsen liegen.«

Das ist wirklich übertrieben und sehr komisch
Dies also war der Zwischenfall. Wegen meines offenen Briefs an Andropow rief mich die Deutsche Welle an, und ich sprach meinen Brief auf ein in Köln angeschlossenes Tonband. Damals, 1975, trauten sich noch nicht alle, bei westlichen Rundfunksendern aufzutreten. Ich fürchtete, die Verbindung würde unterbrochen, beeilte mich, las ohne Ausdruck und verschluckte einige Wörter. Aber die Leitung wurde nicht abgeschaltet, und schon am selben Abend konnte ich überrascht meine sich überschlagende Stimme die an Andropow gerichteten Worte lesen hören: »... Ein Mord ist auch eine gar nicht so schlechte Bewertung eines schriftstellerischen Werks. Wenn man mich einsperrt, habe ich nichts dagegen, daß Demonstranten im Westen unsere Diplomaten mit faulen Eiern oder matschigen Tomaten bewerfen, was ihnen gerade lieber ist. Doch wenn meinen Angehörigen etwas geschieht oder ein angetrunkener Kassierer mich erschießt, wird die ganze Welt wissen, wer diese Hand geführt hat.«

Natürlich war darin etwas zu viel Pathos, das ich eigentlich nicht schätze, aber es gibt Augenblicke im Leben eines Menschen, wo er sich dessen nur schwer enthalten kann. Und so ging es auch weiter: »Ich fürchte Ihre Drohungen nicht, Jurij Wladimirowitsch. Der Soldat Tschonkin wird mich rächen. In seinen zerlumpten Wickelgamaschen ist er schon um die Welt gegangen, und alle Ihre Kassierer werden ihn nicht besiegen ...«

(Mindestens zweien meiner Bücher ist es passiert, daß ihre Handlung direkt ins reale Leben überging. Im Buch wird Tschonkin erst von der Gebietsabteilung des NKWD und dann von einer regulären Armee-Einheit angegriffen, und im Leben kamen erst das KGB und dann die Attacken der Generäle und Marschälle einschließlich des Kommandierenden der gesamten sowjetischen Streitkräfte Marschall Jasow. In »Moskau 2042« wollen die Romanpersonen Sim Simytsch Karnawalow aus dem Buch streichen; und kaum war dies Buch Ende der achtziger Jahre unsres Jahrhunderts in Moskau erschienen, als nicht die Romanhelden, sondern die realen gestrengen Kritiker forderten, Sim Simytsch zu streichen.)

Als ich den Brief an Andropow verfaßte, hatte ich noch nicht gewußt, was sie mit mir gemacht hatten. Ich beschrieb den Vorfall dann noch einmal in allen Einzelheiten und mit besser begründetem Verdacht und gab den Text Maximow, der ihn im »Kontinent« Nr. 5, 1975, abdruckte.

Offen gestanden hatte ich gedacht, diese Veröffentlichung würde das Interesse der sogenannten Weltöffentlichkeit erregen, doch die Reaktion der Weltöffentlichkeit war gleich Null. Ebenso die der Schriftsteller, an die ich mich früher gewandt hatte, mit Ausnahme von Pierre Emmanuel, dessen Idee es war, uns in der UdSSR verfolgte Literaten samt und sonders in den französischen PEN-Club aufzunehmen und so zu verhindern, daß man uns einfach verschwinden ließ. Emmanuels Bemühen war nicht vergebens: keines der damaligen russischen Mitglieder des französischen PEN kam in Haft.

Was die Weltöffentlichkeit betrifft, so nahm sie ein Jahr später nicht einmal Notiz von dem Mord an Bogatyrjow.

In meinem Fall aber war es kein Mord, sondern etwas anderes, noch Ungeklärtes.

Die KGB-Leute selber waren etwas in Unruhe und taten alles, um mich unglaubhaft zu machen. Und sie hatten Helfer.

Ich weiß nicht, ob der Lyriker Jewgenij Jewtuschenko in irgend jemandes Auftrag handelte oder auf eigene Faust, aber in jenen Tagen versuchte er jeden, der ihm über den Weg lief, mit aller Macht davon zu überzeugen, niemand habe mich vergiftet (woher wußte er das?), diese ganze Vergiftungsgeschichte sei erlogen. Sein brennendes Verlangen, mich zu desavouieren, erlosch mit den Jahren nicht, noch fünfzehn Jahre später erwähnte er diese Geschichte ohne jeden Anlaß in der Öffentlichkeit (auf einer Sitzung der Schriftstellergruppe »April«), behauptete wieder, sie sei erlogen, und war unvorsichtig genug zu betonen: »Glauben Sie mir, ich weiß es genau.« Ich will hier nicht im einzelnen über die Rolle sprechen, die dieser Mensch in der Breschnewzeit gespielt hat. Vielleicht wird einmal seine Biographie geschrieben oder sogar ein Roman über ihn (in der Art von Klaus Manns »Mephisto«) und darin aufgezeigt, wie und warum ein hoffnungsvoller, hochbegabter Mensch sich in den Lakaien eines Polizeiregimes verwandelte.

Seine Rolle als Sendbote der »Organe« gegenüber Brodskij und Axjonow ist bekannt.

Schon in jungen Jahren sagte Jewtuschenko in

aller Öffentlichkeit, wer bei seinen Auftritten anti-
sowjetische Äußerungen von sich gebe, den werde
er persönlich beim KGB abliefern. Und noch zu
Beginn der Perestroika, die er begrüßte, blieb er
seinen Kindergartenidealen treu und versprach im
»Ogonjok«, er werde jedem »die Fresse einschlagen«, der sich über den Bürgerkriegshelden Tscha-
pajew lustig mache.

Während meiner »Dissidentenzeit« war Jewtuschenko sehr bemüht, meinen Ruf zu unterminie-
ren und meine sowieso schon schwierige und ge-
fährliche Lage noch zu verschlimmern, indem er
beispielsweise Ausländern, die nach mir fragten,
erzählte, ich sei ein schlechter Schriftsteller, ein
schlechter Mensch, keines müden Gedankens
wert, und es gehe mir fabelhaft.

Und Jewtuschenko war nicht der einzige. Eine
von mir verehrte Autorin erzählte herum, ich wäre
durchgedreht und redete Unsinn. Vielen anderen
Leuten, nicht nur in der UdSSR, kam die Geschichte im Metropol sehr unwahrscheinlich vor,
und einigen wäre es durchaus recht gewesen, wenn
sie sich als Gefasel eines Irren oder Betrunkenen
erwiesen hätte.

Warum eigentlich glaubten die Leute mir nicht?

War eine Vergiftung durch Zigaretten so unglaubhaft, daß man so etwas nicht einmal vermu-
ten durfte? Oder waren die Menschen bei uns
so mißtrauisch? Woher denn – sogar besonders
leichtgläubig. Sie glaubten an spionierende Marschälle, Volksschädlinge im Ingenieurberuf, giftmi-
schende Ärzte, aus Amerika eingeschleuste Kar-

toffelkäfer, die die sowjetische Kartoffelernte vernichten sollten, und jetzt glauben sie an außerirdische Lebewesen, philippinische Wunderheiler, mit Heilenergie geladenes Wasser, an Handauflager und die wundertätige Wirkung von Propolis.

Seit Generationen zermartern die Psychologen sich das Hirn über das Rätsel, warum die Menschen leicht das glauben, was nicht ist, und das nicht glauben, was sie vor sich sehen. Die unfreisten Menschen der Welt glaubten, es gäbe niemanden, der freier wäre als sie. In einem Land, in dem in Friedenszeiten mehr Menschen im Lager umkamen als in den Kriegsjahren an der Front, war einer der am weitesten verbreiteten Sätze: »Bei uns wird niemand ohne Grund eingesperrt.« Und dann faßt dieser Dummkopf seine blinde Dummheit auch noch als eine Form von Güte auf: »Was sagen Sie? Bei uns? Millionen? In Lagern? Was muß einer für ein böser Mensch sein, um so etwas zu sagen!«

Was hat der Geheimdienst unter seinen verschiedenen Namen nicht alles angerichtet. Die Menschen vernichtet wie Ungeziefer, aus jedem Anlaß, in jeder Zahl, auf jede Art und Weise. »Wieso denn«, sagte ein früherer KGB-Mann neulich zu mir, »das Volk begegnet dem Begriff ›Tschekist‹ auch jetzt noch mit Hochachtung.«

Volk hin oder her, Dummköpfe gibt es jedenfalls auch heute genug. Und vor kurzem noch so viele, daß man mit ihnen ganze Städte hätte besiedeln können. Was? Bei uns? Eingesperrt? Umgebracht? Vergiftet? Glauben wir nicht.

Die Sache war im Grunde simpel, aber schwer zu glauben. Es war doch nicht möglich, daß man einen Menschen nur deshalb, weil er irgendwelche Einfälle aufschrieb, ernstlich vergiften wollte? War nicht vielleicht diese ganze Geschichte auch nur die Ausgeburt künstlerischer Phantasie?

Als meine amerikanische Lektorin Nancy Meiselas mich in Moskau besuchte, um mir von den Vorbereitungen zur amerikanischen Ausgabe des »Tschonkin« zu berichten, erzählte sie mir, sie habe unmittelbar vor ihrer Abreise aus New York noch meine Geschichte über den »Zwischenfall im Metropol« gelesen. »Und?« fragte ich. Darauf sie mit breitestem Grinsen: »Very funny.«

Diejenigen jedoch, die der Wahrheit ins Auge zu sehen vermochten und denen die Praktiken des KGB aus eigener Erfahrung vertraut waren, nahmen meine Erzählung ernst. Jurij Orlow und Andrej Amalrik hatten keine Zweifel an meiner Wahrheitstreue.

Nicht nur sie. Bella Achmadulina glaubte meine Erzählung bedingungslos und sagte mir oft, sie habe sie künstlerisch überzeugt. (Dabei war ich gerade mit dem künstlerischen Aspekt meiner Darstellung sehr unzufrieden.)

Die KGB-Leute aber reagierten auf meine Mitteilungen nervös. Anfangs versuchten sie, wie zu erwarten, mich als verrückt hinzustellen. Als Amalrik in jenen Tagen zum Verhör vorgeladen wurde und fragte, wie er am besten kommen solle, im Raumanzug oder ob auch eine Gasmaske reiche, sagte der Untersuchungsrichter: »Spielen Sie

124

auf diese Geschichte mit Woinowitsch an? Ja merken Sie denn nicht, daß der spinnt?«

Dann hieß es, ich habe die Organe verleumdet. Die »Verleumdung« mußte das KGB offenbar empfindlich getroffen haben, denn der Stellvertretende Vorsitzende des Goskomisdat der UdSSR und enge Freund des wohlbekannten KGB-Obersten Sergej Iwanko, ein gewisser Tchikwischwili, hatte gesagt (wie man mir weitergab): »Man hat Woinowitsch zum letzten Mal die Möglichkeit gegeben, sich wie ein ordentlicher Mensch aufzuführen, er aber hat diese Möglichkeit abgelehnt und schmachtet nun in den Verliesen des KGB.«

(Man fragt sich, wie sich in meinem Fall ein ordentlicher Mensch wohl hätte aufführen sollen? Was die Verliese betrifft, so scheint sich mittlerweile herausgestellt zu haben, daß es sie in der Lubjanka nie gab, aber das mag Tchikwischwili, der sicher in den oberen Stockwerken arbeitete, unbekannt gewesen sein.)

Die Zeit verging, meine Veröffentlichung hatte nicht wirklich Aufmerksamkeit erregt, und die KGB-Leute beruhigten sich und wurden lässiger. Während seiner »Unterhaltung« mit Benedikt Sarnow sagte ein Tschekist: »Woinowitsch hat eine Parodie über uns geschrieben, aber niemand nimmt sie ihm ab.«

Die KGB-Leute selber glaubten meine »Parodie« jedoch. Jurij Idaschkin, der 1980 den Mittelsmann zwischen mir und dem KGB abgab, als es um meine Ausreise ging, erklärte mir, die Leute, die mich vergiftet hätten, seien bestraft worden.

Selbstredend nicht dafür, daß sie mir das Gift beigebracht hatten, sondern dafür (nehme ich an), daß sie ins Scheinwerferlicht geraten waren. Ich fragte ihn, warum sie es getan hätten. »Ach«, winkte er ab, »was schon so ein Oberleutnant sich ausdenkt.«

Der, der nicht in mir sitzt

Doch diese Version von der Eigenmächtigkeit unterer Ränge verwarf ich sofort. Es war offenkundig, daß der Mensch, der sich Petrow genannt hatte, nicht Oberleutnant war. Er hatte sich als Leiter der Abteilung bezeichnet, und das war eine Stellung zumindest im Rang eines Obersten, wenn nicht Generals. Und wenn man sich etwas in die Psyche dieser Funktionäre versetzte, war ganz undenkbar, daß so jemand in Anwesenheit eines Untergebenen sich einen höheren Rang zulegte, als er wirklich innehatte. Und daß er einen relativ hohen Rang hatte, sprach wiederum für die Gewichtigkeit dessen, weshalb er ins Metropol gekommen war.

Von Anfang an nahm ich an – und bekräftigte das mündlich wie schriftlich –, daß diese »Operation« an höchster Stelle des KGB geplant und von Andropow zumindest gebilligt worden war. Meine Annahme gründete nicht in dem eitlen Wunsch, dem Polizeichef persönlich bekannt zu sein, sondern darin, daß die Parteispitzen aus Sorge um sich selbst seit einiger Zeit alle Terroraktionen des KGB streng unter Kontrolle hielten. Das garantierte ihnen, daß der Terror sie nicht erfassen würde, schuf aber andererseits die Unannehmlichkeit, daß sie alle nunmehr gezwungen waren, selber die Verantwortung zu übernehmen.

Auch in meinem Fall stand auf Grund des Terrorcharakters der »Operation« fest, daß sie nicht auf die Initiative eines Oberleutnants zurückgehen konnte, sondern unter der persönlichen Kontrolle Andropows in die Wege geleitet worden sein mußte.

Meine damaligen Überlegungen führten mich zu dem Schluß, daß das letzte Ziel der Vergiftung vielleicht nicht einmal meine Ermordung gewesen war, aber doch etwas Übleres als, sagen wir, eine Narkotisierung in der Hoffnung, mich zu verängstigen oder gesprächiger zu machen. Es war ein Anschlag, wenn nicht auf mein Leben, so auf meine Psyche. Auf meine Persönlichkeit. Und meine Persönlichkeit ist mir immer entschieden teurer gewesen als meine physische Existenz. Und das keineswegs aus Selbstgefälligkeit. Hätte ich die Möglichkeit, mich an der Konstruktion meiner Selbst zu beteiligen, wüßte ich einiges zu verbessern. Da ich diese Möglichkeit nicht habe, sehe ich meine Aufgabe darin, ich selber zu bleiben. In jedem Menschen gibt es neben dem Selbsterhaltungstrieb – dem Trieb sich selbst als biologisches Einzelwesen zu erhalten – den Instinkt der Persönlichkeitserhaltung. Bei dem einen ist der eine Instinkt stärker entwickelt, bei dem anderen der andere. Bei mir ist es der andere. Das habe ich im Laufe lebenslanger Erfahrung erkannt. Ich bin vielen Menschen begegnet, bei denen Instinkt Nr. 2 nur sehr schwach entwickelt war. Solche Menschen führen mühelos jedweden Wunsch des Staates, der Vorgesetzten oder Arbeitgeber aus, sagen sich bei der leisesten Notwendigkeit von sich selber los: wechseln mit Leichtigkeit Namen, Nationalität, Religion und Parteizugehörigkeit, von Prinzipien und Überzeugungen ganz zu schweigen. Im Ausland habe ich Ehepaare getroffen, die, um ihre »Umwandlung« in Amerikaner zu beschleunigen, auch untereinander gebrochenes Englisch sprachen, was nur voreilig und lächerlich war. Mir war eine solche Verwandlungsbereitschaft immer außerordentlich fremd, und wenn man mich dazu zwingen wollte, wehrte mein Instinkt sich dagegen und verweigerte sich Vernunftargumenten. Zeitweise machte er mir das Leben so schwer, daß ich ihn zu ignorieren versuchte, doch später begriff ich, daß der Instinkt klüger war als der Verstand, und wenn er es so wollte, hieß das, daß er wußte, was er tat.

Die menschliche Persönlichkeit stellt eine äußerst komplexe Legierung von Elementen verschiedenster Eigenschaften dar. Die Formel dieser Legierung zu verändern ist mühsam und dann unmöglich, wenn der Mensch aus dem einen oder anderen Grund nicht mitmacht. Doch wenn er mitmacht, übertreffen die Ergebnisse alle Erwartungen. In wie vielen Fällen haben wir es erlebt, daß jemand umständehalber, aus Nützlichkeitserwägungen oder aus Angst sein Verhalten selbstzerstörerisch veränderte und vor unseren Augen ein katastrophaler und tragischer Persönlichkeitsverfall stattfand. Eine Persönlichkeitszersetzung nur durch äußere Kräfte war früher völlig unmöglich, jetzt kommt diesen Kräften die Wissenschaft zu Hilfe, die alles vermag.

In jüngster Zeit sind in der russischen Presse Artikel erschienen, in denen von verbrecherischen Experimenten berichtet wird, durch Einwirkung auf die Psyche Menschen in Zombies zu verwandeln, in Wesen also, die äußerlich unverändert sind, denen man aber einen wesentlichen Teil ihrer charakteristischen Persönlichkeit genommen hat. Das Verhalten von Zombies ist programmierbar (als ich vor achtzehn Jahren die Ausführung der mir eingegebenen Befehle – Naphthalin, Bier – beschrieb, hatte ich übrigens von diesen Dingen keine Ahnung). In seinem Aufsatz »Der, der in mir sitzt«, der am 19. November 1991 in der »Nesawissimaja gaseta« erschien, schreibt Wladimir Schtschepilow, daß unter den »heimgekehrten« Spionen Leute waren, die man einer psychischen Programmierung unterzogen hatte. Schtschepilow und andere Autoren vertreten die Ansicht, daß diese Programmierung mit Hilfe eines Bündels von Maßnahmen und Mittel durchgeführt wird: in Aktion treten dabei Chemie, Bestrahlung, Hypnose. Zum vollständigen Gelingen sind mehrere Sitzungen erforderlich (vielleicht hatte Petrow mich deshalb aufgefordert, ihn in zwei Wochen wieder aufzusuchen).

Ich möchte behaupten, daß die Sowjetmacht sich schon vor der Entdeckung der Wunder der

Radiochemie damit befaßt hat, Schriftsteller in Zombies zu verwandeln. Falls der »Stille Don« wirklich von Michail Scholochow stammt, dann war der armselige Greis, der unter diesem Namen starb, ein Zombie, verwandelt in einen solchen entweder mit Hilfe der Chemie (schließlich auch keine junge Wissenschaft) oder aber durch relativ einfache Mittel wie Wodka, Angst, Schmeichelei, Geld und Privilegien, und das alles in wahnsinnigen Mengen. Gorkij verwandelte sich nach seiner Rückkehr aus dem Ausland unaufhaltsam und katastrophal in einen kompletten Idioten, und wurde möglicherweise deshalb vergiftet, weil seine Idiotie die geplanten Ausmaße überstieg. Es gab noch weitere Schriftsteller, die mit der Zeit ihr Talent einbüßten und so widernatürlich verblödeten, daß man sich unwillkürlich fragen muß, ob diese Verblödung nicht von in diesen Dingen erfahrenen Spezialisten gesteuert wurde.

Gut möglich, daß auch ich auf schnellem Wege in einen Zombie hätte verwandelt werden sollen. Durch mit einem Narkotikum versetzte Zigaretten? Das ist das wahrscheinlichste, ja, aber was war mit mir passiert, als ich nach dem aus dem Ärmel gerutschten Mikrofon langte?

Ein westlicher Arzt äußerte mir gegenüber auch den Verdacht auf LSD und sagte, in einer bestimmten Dosis könne dieses Rauschmittel auch schon bei einmaliger Anwendung psychische Schäden hervorrufen, aber ich weiß nicht, wie weit er recht hat, und das mit dem LSD ist schließlich keine Tatsache, sondern nur Vermutung. Vielleicht

130

haben sie ja auch noch andere Mittel gegen mich eingesetzt. Bis heute weiß ich nicht, was sich in der halbverhängten Nische von Zimmer 480 verbarg. Personen? Spezialapparaturen? Beides?

Wie gesagt, die unmittelbaren Vergiftungssymptome spürte ich etwa sechs Tage. Sich über die späteren Folgen zu äußern ist natürlich riskant, weil ich keine Beweise dafür habe, aber ich vermute, daß sie sich wesentlich länger bemerkbar machten, möglicherweise sogar mehrere Jahre. Vor meiner Vergiftung ging mir die Arbeit am »Tschonkin« leicht von der Hand, nach dem Vorfall im Metropol und noch lange danach fiel sie mir wesentlich schwerer, ich verlor den Faden, schrieb ein und dieselben Szenen endlos oft um, war außerstande, mich für eine Variante zu entscheiden, und trat überhaupt sehr viel häufiger auf der Stelle als früher. Wovon die mich beschattenden KGB-Leute sicher Kenntnis erlangten, da sie Zugang zu dem Ort hatten, wo ich meine Manuskripte verwahrte, was mir allerdings erst später klar wurde.

Der schöpferische Prozeß ist etwas Geheimnisvolles, er hat seine Höhen und Tiefen auch ohne Eingreifen der Geheimpolizei, und deshalb kann ich nicht darauf bestehen, daß meine Schreibhemmungen die direkte Folge der im Metropol gegen mich eingesetzten Mittel waren, andererseits fühle ich mich nicht berechtigt, einen solchen Verdacht nicht zu erwähnen, auch wenn er sonderbar klingt. Ich unterstreiche: Verdacht, nicht Gewißheit.

Als ich mich 1980 mit meiner Ausreise aus der

131

UdSSR einverstanden erklärte, stellte ich der Staatsmacht die Bedingungen, daß meine genossenschaftliche (d. h. private) Wohnung an die Eltern meiner Frau weitergegeben und noch vor meiner Abreise ein Telefonanschluß verlegt würde. Die Verhandlungen liefen über den schon genannten Jurij Idaschkin, wer hinter ihm stand, weiß ich nicht, vielleicht wieder Andropow. Die Bedingungen wurden mit einer Leichtigkeit akzeptiert, die mich nur zu Anfang erstaunte. Die Bedingungen waren akzeptiert, doch in den frühen Morgenstunden des 21. August starb Anna Michailowna, die Mutter meiner Frau, im Krankenhaus an Herzinsuffizienz. Zwei Stunden später wurde diese Nachricht ihrem Mann Danil Michailowitsch mitgeteilt, beim Heraustreten aus der Haustür starb auch er (doch nicht mit fremder Hilfe?). Am Abend desselben Tages hatte ich einen rätselhaften Anfall. Das Herz? Das Gehirn? Die Nerven? Die qualifiziertesten Ärzte fanden weder den Ausgangspunkt noch die Ursache. Ähnliche, aber schwächere Symptome (gewisse Einschlafschwierigkeiten) hatte ich erstmals am 5. August verspürt, doch der heftigste Anfall war am 21.: ich bekam keine Luft, mein Blutdruck sprang minütlich von der kritischen Obergrenze zur untersten, und so mehrere Nächte lang; seither hat sich das im Lauf der Jahre von Zeit zu Zeit wiederholt, immer nachts, und eine Diagnose habe ich bis heute nicht. Im Ausland kam es anfangs vor, daß ich bei öffentlichen Auftritten auf einmal völlig vergessen hatte, wovon ich reden wollte, und das war sehr untypisch für mich, da mir Auftritte leicht fallen. Es gibt für das alles natürlich auch simplere Erklärungen. Anna Michailowna starb an Herzinsuffizienz, Danil Michailowitsch an plötzlichem Schock, und zu meinen Anfällen war es auf Grund nervöser Überanstrengung gekommen (und die war allerdings gegeben).

Wie dem auch sei, ich muß zugeben, daß die KGB-Leute doch etwas erreicht haben. Sie wollten den Abschluß des »Tschonkin« verhindern, und das ist ihnen letztlich gelungen. Achtzehn Jahre sind seither vergangen, und das Buch ist immer noch nicht beendet. Irgend etwas hat mich davon abgehalten. Obwohl ich hoffe, daß nicht doch etwa jemand Fremdes in mir sitzt, denn da ist schon für mich selbst nur gerade eben Platz.

Touristenmord in New York
Kluge Leute haben mir erklärt, ich hätte mich damals, 1975, falsch verhalten. Ich war auf einen Anruf hin hingegangen, hatte von Petrow und Zacharow nicht ihre Ausweise verlangt, war bereitwillig zu einem Treffen ins Hotel gekommen, hatte meine Zigaretten auf den Tisch gelegt, mir das Bild angesehen, ohne mich dabei kurz umzublicken, ich Schlafmütze.

Und doch, eben weil ich mich in jeder Hinsicht falsch verhalten habe, bin ich noch am Leben. Angesichts meines offensichtlichen Fehlverhaltens kamen sie zu dem Schluß, sie könnten mit mir in aller Ruhe ein Experiment durchführen, in dessen

Verlauf ich mich selbst gründlich zugrunderichten würde. Hätte ich ihnen diese Hoffnung von Anfang an genommen, hätten sie sich etwas Sichereres und Effizienteres ausgedacht, nach Art der Flasche, die sie Kostja Bogatyrjow verpaßt haben.

Die Sache trotz des Fehlstarts zu Ende zu bringen, konnten sie sich jedoch nicht entschließen. Denn dafür hätte nun jemand (nehmen wir an, Andropow) die volle Verantwortung übernehmen müssen. Was er möglicherweise getan hätte, hätte er nicht befürchten müssen, daß man ihn bei irgendwelchen Palastintrigen oder gar einer Rückkehr zu den Leninschen Normen sozialistischer Gesetzlichkeit damit wunderbar kompromittieren konnte. So daß im gegebenen Fall das Blutvergießen abgesagt wurde, obwohl derartige Pläne im KGB meines Wissens weiter durchgespielt und letztlich erst vor fünfeinhalb Jahren eingestellt wurden, also erst nachdem ich ins Ausland gegangen war.

Wo ich viele lange Jahre wartete, ehe sich in unserer nebligen Heimat große Umwälzungen ereigneten.

Im Herbst 1989 zog ich für ein Jahr nach Washington und verfolgte aus der Ferne die Entwicklung in Rußland, in ungeduldiger Vorfreude auf den Tag, an dem die Perestroika so weit ginge, mir und anderen die Staatsbürgerschaft und damit die Möglichkeit zur Rückkehr wiederzugeben.

Mich trieb nicht nur der Wunsch nach Rückkehr, sondern auch die Idee, doch noch Genaueres über meine rätselhafte Vergiftung zu eruieren. Ich

134

hoffte, in nicht allzu ferner Zeit der Sache auf den Grund zu kommen, und rechnete sehr auf die Begegnung mit einem Menschen, der sich in diesen Jahren ebenfalls Gedanken über meine Geschichte gemacht hatte und mir wertvolle Hinweise geben konnte.

Die Grenzen der Sowjetunion wurden unterdessen immer löchriger, ich selbst war schon mit einem Kurzzeitvisum in Moskau gewesen, sowjetische Touristen strömten in den Westen, auf dem Kennedy Airport hörte man Russisch, die Zeit wahlloser Verbrüderung aller setzte ein, die keinen Unterschied zwischen sowjetisch und antisowjetisch mehr machte, ein Umstand, über den die Emigrantenzeitung »Nowoje russkoje slowo« so erstaunt wie gerührt und begeistert schrieb.

Einmal stieß ich beim Durchsehen dieser Zeitung auf eine Meldung unter der Überschrift »Touristenmord«. Zunächst achtete ich nicht darauf – in New York wurde alle naslang jemand ermordet. Ich las etwas anderes, und erst dann kehrte ich mehr aus Langeweile zu dieser Meldung zurück. Die übliche Geschichte. Ein Reisender aus der Sowjetunion war spätnachts auf dem Heimweg von einer Einladung gewesen. (In der Meinung, wie sich herausstellte, die Gerüchte über die Kriminalität in New York wären weit übertrieben.) Im Hausflur hatten zwei bewaffnete Kriminelle seine Frau überfallen, wollten ihr die Handtasche wegreißen, und er hatte das getan, wovon die Polizei nachdrücklich abrät – er war seiner Frau zu Hilfe gekommen. Und bekam sofort zwei Kugeln in die Brust, an denen er auf dem Weg ins Krankenhaus starb. In der Meldung stand auch der Name des Ermordeten, ein ganz gewöhnlicher und weitverbreiteter russischer Name, er interessierte mich nicht. Ich blätterte die Seite um und fing an, die Annoncen zu lesen: Auftritt sowjetischer Schriftsteller im Doral Inn, billige Eigentumswohnungen in der Ocean Parkway, Dr. Eselkin behandelt und entfernt Zähne, »Sie können sich das Beste leisten« (Schwangerschaftstest und -abbruch), und – Jack Yablokov, jüdisches Beerdigungsinstitut, besonders niedrige Preise ... Doch der Name des getöteten Touristen ging mir nicht aus dem Kopf, ich las die Meldung noch einmal: Arkadij Nowikow, Arzt aus Moskau, siebenundvierzig Jahre ... und erst da begriff ich: aber das war ja er! Und sofort stellte sich das Bild des hageren jungen Mannes wieder ein, in dem gestreiften Hemd mit offenem Kragen, der Brille mit den vergrößernden Gläsern, und mir war, als hörte ich ihn sagen: »Und jetzt erzählen Sie bitte Ihre außergewöhnliche Sache.«

Einige scharfsinnige Leser werden hier kombinieren: ein wichtiger Zeuge, der lange Arm des KGB ... aber das ist eine falsche Fährte. Arkadij Nowikow war für mich ein wichtiger Zeuge, aber das KGB steht in diesem Fall außer Verdacht. Es war nur ein Zusammentreffen von Umständen, das einmal mehr zeigt, wieviel Gewalt in der Welt herrscht.

Schweigen ist Gold

Aber von meiner Idee, der alten Geschichte nachzugehen, ließ ich nicht ab.

Der Bericht von meiner Vergiftung war bei vielen auf Unglauben gestoßen, nicht nur bei Leuten, die ich für ehrlos hielt. In einigen Fällen schmerzte und betrübte mich das, aber es war nicht nur das. Es ging auch darum, daß seit einiger Zeit die Terroraktionen des KGB keinerlei Echo fanden. Es bestand sogar die Meinung, die von mir erwähnte Ermordung Stepan Banderas sei der letzte Fall von physischer Beseitigung eines Gegners der Sowjetmacht gewesen. Möglicherweise war diese Meinung berechtigt im Hinblick auf das Ausland, wo die KGB-Agenten allzu oft die Seite wechselten und skandalöse Pressekonferenzen abhielten. (Wie jener Bogdan Staschinskij und einige Jahre vorher der KGB-Hauptmann Nikolaj Chochlow, der in Deutschland Georgij Okolowitsch erledigen sollte, einen Führer des NTS, und der dieses Vorhaben nicht ausführte, sondern zu den Amerikanern überlief. Wonach er übrigens selber Opfer eines Anschlags wurde. Er trank irgendwo eine Tasse Kaffee, in die jemand radioaktives Barium geschüttet hatte, und wurde von amerikanischen Ärzten aus dem Jenseits zurückgeholt.) Der Terror im Ausland war also mit großen politischen Risiken verknüpft. Im Inland aber? Wenn hier ein Agent den Auftrag erhielt zu töten, tötete er, hier konnte er zu niemandem überlaufen.

Hier passierten Dinge, die natürlich jedem passieren konnten, aber irgendwie waren diejenigen, mit denen die Sowjetmacht unzufrieden war, häufiger als statistisch wahrscheinlich betroffen. Einer wurde nach einem Besuch bei Sacharow aus dem Zug gestoßen, Viktor Popkow erschoß ein Kassierer, ein anderer Maler, Jewgenij Ruchin, verbrannte in seinem Atelier, Konstantin Bogatyrjow schlugen sie mit einer Flasche den Schädel ein, bei Alexander Menju nahmen sie dazu – schon zu Perestroikazeiten – ein Beil. Und gedenken wir doch auch der Errungenschaften der Chemie. Bei Bandera war es Blausäure, bei Chochlow radioaktives Barium, der Regenschirm, mit dem der Bulgare Georgij Markow getötet wurde, war mit einer Kugel geladen, die mit Rizin vergiftet war. Und dann gab es auch noch jene Serie unerklärlicher Brände, die Alexander Solschenizyn, den französischen Professor Georges Niva, Lew Rubinstein in Moskau und Ilja Lew in Leningrad – beiden hatte man die Ausreise nach Israel verweigert – heimgesucht hatten. Rätselhafte Brände, wer hatte sie wohl gelegt? Doch stellen Sie sich vor, Solschenizyn, dem Feuertod knapp entronnen, hätte seinerzeit die Vermutung geäußert, daß dahinter das KGB stehe, wie hätten darauf wohl unsere vertrauensseligen Mitbürger reagiert? Der spinnt doch, dieser Schriftsteller, hat nicht mehr alle Tassen im Schrank, bildet sich ein, an allem sei das KGB schuld.

Vierzehn Jahre lang habe ich meine Vergiftung nicht erwähnt, doch seit die Grenzen meines Vaterlands mir wieder offen stehen und die Zensur abgeschafft wurde, habe ich versucht, dieser Sache wieder nachzugehen. Ich habe zuerst in Radio Liberty, dann in der Zeitschrift »Iskusstwo kino« und schließlich in einem Interview in der »Iswestija« davon berichtet und erwartete eine Reaktion des KGB in irgendeiner Form. Doch es geschah nichts – kein offizielles Dementi, kein anonymer Tip, nichts.

Daraufhin schrieb ich in der Zeitschrift »Stoliza«, Nr. 2, 1992:

Damals, 1975, behaupteten die mich verhörenden Nachfolger Dserschinskijs, sie wären nicht so wie die Tschekisten Stalinscher Prägung. Die heutigen Nachfolger Andropows versichern uns, daß sie ihrerseits nicht so sind wie diejenigen, die die Dissidenten verfolgt haben. Wenn sie nicht so sind, dann mögen sie bitte die Sache offenlegen, von der ich berichtet habe. Sie mögen die nötigen Materialien publizieren und auf folgende Fragen antworten: Welche Operation genau wurde am 11. Mai 1975 in Zimmer 480 des Hotels Metropol durchgeführt? Welche Mittel wurden verwendet? Wer waren die Organisatoren und Ausführenden? Welchen Zweck hatten sie verfolgt, und was haben sie erreicht?

Ich bitte den Leiter des Staatssicherheitsdiensts von Rußland persönlich sowie die Parlamentskommissionen zur Kontrolle dieser Dienste meinem Bericht Aufmerksamkeit zu schenken, jenen lang zurückliegenden Anschlag auf meine Persönlichkeit zu untersuchen und die Untersuchungsergebnisse bekanntzugeben. Ich betone noch einmal, daß es um Experimente geht, die für unsere Gesellschaft nicht nur in der Vergangenheit eine Gefahr darstellten, sondern in Zukunft noch gefährlicher sein könnten.

Auch diesmal kein Echo. Buchstäblich kein einziges, ausgenommen wieder einmal von Jewtuschenko, der den Chefredakteur der »Stoliza«, A. Malgin, angerufen und ihm einen Verleumdungsprozeß angedroht haben soll (warum nicht mir?). Malgin war offenbar wegen dieses Anrufs etwas beunruhigt und schrieb in seinem Kommentar, es gebe bei mir durchsichtige Andeutungen über Jewtuschenkos Zusammenarbeit mit den »Organen«. In Wirklichkeit gab es bei mir keinerlei Andeutungen, ich brachte konkrete Fakten. Dabei interessiert mich, ehrlich gesagt, nicht sonderlich, ob Jewtuschenko auf irgendwelchen KGB-Listen geführt wurde oder von sich aus tätig wurde. Wie eine Bekannte von mir sagt: Ich muß nicht wissen, in welcher Abteilung und welchem Rang dieser Mensch arbeitet, und ich muß auch nicht seinen Dienstausweis sehen, wenn mein ganzer Organismus sich vor ihm ekelt.

Und trotzdem, warum bekam ich auf meine so direkte Aufforderung von den neuen (erneuerten) »kompetenten Organen« keine Antwort? Lasen sie keine Zeitschriften? Hatten sie diese Veröffentlichung nicht bemerkt? Oder waren sie der Ansicht, es gehe um irgendwelchen Unsinn, der keine Antwort verdiene? Wenn sie sich für die Vergangenheit nicht verantwortlich fühlten und meine Veröffentlichung gelesen hatten, dann hätte ihre natürlichste Reaktion sein müssen, nachzuprüfen, ob der Autor sich das nicht aus den Fingern gesogen hatte, und sich dann kurz zu äußern: die Fakten haben sich bestätigt oder nicht bestätigt. Doch

Schweigen ist bekanntlich Gold und sagt als solches auch schon einiges aus.

Die Resolution des Präsidenten

Auf der Suche nach einer Instanz, die mir helfen könnte, an mein Dossier zu gelangen, wandte ich mich an Rechtsanwalt Boris Andrejewitsch Solotuchin, einen alten Freund, der im derzeitigen Obersten Sowjet eine sehr hohe Stellung hat (ich vergesse immer, welche). Durch ihn erhielt ich Zugang zu Sergej Michailowitsch Schachraj, der damals neben anderen Posten den eines Kontrolleurs des KGB oder, wie es jetzt hieß, des MB (Sicherheitsministerium) innehatte.

Ich erhielt einen Termin bei Schachraj und schickte ihm vorab, am 21. Februar 1992, einen Brief, in dem ich ihn darum bat, gegenüber dem KGB-MB seinen Einfluß geltend zu machen, mir genaue Kenntnis der Operation im Metropol – wer, auf wessen Weisung, welche Mittel – sowie mein Dossier zu verschaffen.

Ich muß gestehen, daß ich einigermaßen aufgeregt zu diesem Termin ging. Natürlich meinte ich, im Recht zu sein, und hoffte, an die Wahrheit zu gelangen, doch von Zeit zu Zeit beschlichen mich Zweifel. Und wenn ich mir alles doch nur eingebildet hatte? Ich bin zwar kein sonderlich hypochondrischer Mensch, und es sah mir überhaupt nicht ähnlich, wegen nichts und wieder nichts plötzlich durchzudrehen, und etwas Derartiges ist mir auch in meinem ganzen Leben weder vorher noch nachher jemals passiert. Vielleicht war es wirklich die tief in mir sitzende Furcht, die ich mir selber nicht eingestehen mochte, die eine so extreme und ungewöhnliche Reaktion verursacht hatte.

Ich stellte mir vor, ich käme zu Schachraj, er bäte mich aus dem Vorzimmer in sein Kabinett und dort auf dem Tisch läge eine dicke Akte mit akkurat abgehefteten Vorgängen. Er würde die Akte an der erforderlichen Stelle aufschlagen und sich etwas abwenden, um sich den Anblick der Verwirrung zu ersparen, in die er einen so würdigen grauhaarigen Menschen wie mich versetzen mußte.

Ich würde einige Seiten lesen, aus denen schlagartig klar würde, daß tatsächlich außer einem großen Schrecken nichts gewesen war.

Sich dermaßen zu blamieren wäre ziemlich peinlich, doch ich hatte mir fest vorgenommen, die Wahrheit so zu akzeptieren, wie sie war. Selbst wenn sich herausstellen sollte, daß ich mir meine Vergiftung bloß eingebildet hatte, wäre das noch lange keine Rechtfertigung für dieses Gesindel, friedliche Menschen, und seien sie auch ängstlich, schwach und feige, durch Drohungen in den Wahnsinn oder Infarkt zu treiben.

Aber eine Blamage blieb mir vorerst erspart. Auf Schachrajs Tisch lag keine Akte.

»Ich habe Ihren Brief gelesen«, sagte er, »und würde Ihnen sehr gern helfen. Aber die Sache ist die, daß ich selbst bislang kein einziges Dossier gesehen habe. Es wird mir ein Vergnügen sein, wenigstens in Ihres einen Blick zu werfen. Aber mein Einfluß reicht nicht, es Ihnen zu verschaffen. Sie müssen den Präsidenten einschalten. Schreiben Sie Boris Nikolajewitsch einen kurzen Brief, den ich ihm weitergebe. Erläßt er daraufhin eine Resolution, ist eine Verweigerung schwer möglich. Dann werden Sie der erste sein, der sein Dossier zu Gesicht bekommt.«

Erstaunlich. Was war das für eine Kontrolle des KGB, wenn der Bevollmächtigte des Präsidenten nicht genug Macht hatte, ein einziges Dossier zu erhalten?

Noch in Schachrajs Vorzimmer schrieb ich gleich einen kurzen Brief an Jelzin.

Ein paar Tage später erhielt ich einen Anruf aus dem Stab Jelzins mit der Nachricht, eine Resolution des Präsidenten an den Sicherheitsminister liege vor, sie laute – man las es mir am Telefon vor –: An W. P. Barannikow. W. N. Woinowitsch sollen die Unterlagen gezeigt werden.

Meine Freude kannte keine Grenzen. Der Präsident hatte unterschrieben, der Präsident hatte befohlen. Nicht irgendwer, sondern der Präsident selber. Jetzt würden sie mir nicht mehr auskommen. Warum sollten sie auch? Dieser Barannikow war doch auch erst nach dem Putsch auf diese Stelle gelangt. Also einer von uns und selbstverständlich Demokrat. Außerdem hatte ich in unseren postsowjetischen Klatschspalten gelesen, daß er mit Jelzin zusammen ins Badehaus ging und ihm den praktisch wehrlosen Rücken scheuerte. Bei einer solchen Vertrauensposition mußten Anweisungen des Präsidenten für ihn Gewicht haben.

Vor siebzehn Jahren am selben Ort

Unsere Geschichte wird nunmehr um drei Personen erweitert, heutige Mitarbeiter jener Institution, die sich nun statt KGB MB nennt. Die Nennung ihrer Namen zu vermeiden, sehe ich keine Möglichkeit oder Notwendigkeit, um so weniger, als die Herren mir offiziell vorgestellt wurden und mir keinerlei geheimhaltenswerte Dienste erwiesen haben.

Am 16. März läutete in meiner neuen Moskauer Wohnung das Telefon.

»Wladimir Nikolajewitsch, guten Tag, hier spricht Anatolij Afanassjewitsch Krajuschkin, Mitarbeiter des Sicherheitsministeriums Rußlands. Ich habe den Auftrag, Ihnen die Antwort auf Ihren Brief an den Präsidenten zu übermitteln. Ich stehe zur Verfügung. Kommen Sie zu uns, oder soll ich zu Ihnen kommen?«

Ich begriff. Zu mir kommen, das hieße, mit leeren Händen. Und das brächte mir nichts.

»Ich komme zu Ihnen«, sagte ich.

Wieder das Empfangsgebäude des KGB-MB am Kusnezkij most. Anscheinend hatte sich nur die Hausnummer geändert, früher 24, jetzt 22.

Sie empfingen mich natürlich zu zweit. Krajuschkin selbst (wohl Archivleiter des MB) und ein Jüngerer, sein Stellvertreter Sergej Sergejewitsch Nagin, der seiner Jugend wegen von den Kollegen nur Serjoga genannt wurde.

Vor Krajuschkin auf dem Tisch lag ein dünner gelber Aktendeckel ohne irgendeine Aufschrift. Ist das alles? dachte ich unwillkürlich enttäuscht.

Der Aktendeckel wurde aufgeschlagen. Er enthielt zwei Blätter, die ich vollständig zitiere.

Das erste:

Geheim

(Stempel Geheimhaltungsstufe)

Bestätigt:

Leiter Referat 3

des KGB der UdSSR

_____

(Stellung)

_____

(Rang)

_____

(Name, Unterschrift)

24 - X - 1990

ANORDNUNG

vom 27. September 1990 bezüglich der Vernichtung der Archivakte der operativen Bearbeitung Nr. 34840. Durchsicht des Materials der Archivakte der OB 34840 »GRANIN« durch Abteilungsleiter der aktiven Reserve des KGB der UdSSR ――――――――――――

――――――――――――――――――――――――

――――――――――――――――――――――――

Feststellung: Anlage der Akte der OB »Granin« 1977. 1980 Ausreise »Granins« und seiner Familie in die BRD. Auf Grund seiner Auslandsaktivitäten Aberkennung der sowjetischen Staatsbürgerschaft durch Erlaß des Präsidiums des Obersten Sowjet der UdSSR. Oktober 1992 Beendigung der Akte. Zum gegenwärtigen Zeitpunkt stellt das

Aktenmaterial keinen historischen und operativen Wert mehr dar. _____

_____

Anordnung: Die Akte der OB Nr. 34840 »Granin« in zehn Bänden (Bde. 1, 2, 3, 4, 5, 6, 7, 8, 9, 10) ist zu vernichten, da sie keinen historischen und operativen Wert mehr darstellt. _____

_____

EINVERSTANDEN: Leiter 8. Abteilung, Referat 3 des KGB der UdSSR

(Unterschrift)   (Name)

_____   _____

Nicht mehr als ein Blatt Papier. Und so wenig Text. Und wieviel sagte er aus! Drei leitende Funktionäre hatten an diesem Papier mitgewirkt – der erste hatte es erstellt, der zweite unterschrieben, der dritte bestätigt. Ich hätte gern die Namen gewußt, aber sie waren unkenntlich gemacht, dick durchgestrichen, wenn auch nicht mit letzter Sorgfalt. Teilstücke einzelner Buchstaben und ganz unten ein Schnörkel, der eine vollständige Unterschrift sein konnte.

Wieso war das Kennwort »Granin«? Der reale Autor Daniil Granin existierte, wieso hatten sie mir seinen Namen gegeben und nicht den, sagen wir, Bondarews, Rasputins oder noch eines anderen? Fast alle, denen ich dieses Blatt später zeigte, kamen auf den naheliegenden Witz, daß sie Granin wohl Woinowitsch genannt hatten.

Ein Blick auf dieses Papier genügte, um die Fälschung zu erkennen. Aber genau das freute mich seltsamerweise. Wenn schon im Kleinen nichts stimmte, war die Hauptsache, die Bestätigung der Aktenvernichtung, vielleicht auch eine Lüge.

Die folgende Anordnung auf dem gleichen Formular war handgeschrieben, in einer eigenartigen, unnatürlichen, möglicherweise speziell eingeübten Schrift. Hier war die rechte obere Ecke ganz entfernt worden, also keine Stempel, Bestätigungen, Dienstgrade, Namen.

ANORDNUNG

vom 20 - VIII - 1991 bezüglich der Vernichtung der operativen Datensammlung Nr. 26189. Durchsicht des Materials der ODS Nr. 26189 seitens des Unterfertigten, Leiter 1. Unterabteilung Abteilung 8, Referat 3, Oberstleutnant _____

_____

_____

Feststellung: Anlage der Akte der ODS Nr. 26189 im Mai 1989. Das in ihr systematisch erfaßte Material hat heute keinen historischen oder operativen Wert mehr (im wesentlichen Funkmitschnitte). _____

_____

_____

In OSK*: Woinowitsch Wladimir Nikolajewitsch gemäß SpezDS Nr. 26189 _____

* Auch der Autor hat keine Ahnung, was diese Abkürzung bedeutet. (Anm. d. Ü.)

Anordnung: ODS Nr. 26189 in vier Bänden (Bde. 1, 2, 3, 4) ist durch Verbrennung zu vernichten. Anordnung und Vernichtungsvermerk an Abteilung 10 des KGB der UdSSR leiten zwecks Streichung aus dem Register.

_____

(Unterschrift)

EINVERSTANDEN:

_____

(Stellung Abteilung-Referat, Rang)

Der Name des Oberstleutnants, der das Dokument verfaßt hatte, war nicht angegeben, doch in der Unterschriftszeile stand der vertraute Schnörkel. Er fand sich auch auf der Rückseite des Blatts, wo von derselben Hand geschrieben war:

AKTENVERMERK

Wir, Stabskommission Leiter 1. Unterabteilung Abteilung 8, Referat 3 des KGB der UdSSR, Oberstleutnant W. A. Sergejew, Stellvertretender Leiter derselben Unterabteilung Major S. W. Sassorin und Erster Offizier derselben Unterabteilung Major B. W. Kaljokow, haben vorliegenden Aktenvermerk erstellt im Zuge der am 20. (zwanzigsten) August 1992 durch uns erfolgten Vernichtung durch Verbrennen der operativen Datensammlung Nr. 26189 in vier (Bde. 1, 2, 3, 4) Bänden.

Darunter die Unterschriften. An erster Stelle wieder dieser Schnörkel – nunmehr eindeutig dem obenerwähnten Oberstleutnant Sergejew zuzuordnen. Die Unterschrift am unteren Rand der ersten Anordnung war also auch seine.

Es ging mir aber gar nicht um diesen Sergejew, dessen Name mir nichts sagte, sondern um die Überlegung, die mir kurz darauf kam.

Vorläufig war mir nur nach einem Blick auf das erste Dokument sofort klar, daß es sich hier um den Versuch handelte, mir einen Bären aufzubinden.

»Anatolij Afanassjewitsch«, sagte ich, »wollen Sie meine geistigen Fähigkeiten testen oder was?«

»Wie bitte?« fragte Krajuschkin.

»Ich glaube diesem Papier nicht, weil es eine reine Fälschung ist.«

»Wie kommen Sie darauf?« Krajuschkin lächelte gezwungen, drückte aber die Bereitschaft aus, meine Zweifel zu zerstreuen.

Ich erklärte ihm, daß schon die Daten falsch seien. Die Akte über mich wurde nicht erst 1977, sondern bestimmt schon wesentlich früher angelegt.

Von 1966 an hatte ich Briefe zur Verteidigung verschiedener Leute unterschrieben. 1968 erteilte man mir dafür im Schriftstellerverband einen strengen Verweis. 1969 erschien der erste Teil des »Tschonkin«, wofür ich 1970 den zweiten strengen Verweis mit letzter Verwarnung erhielt. 1974 hatte man mich aus dem Schriftstellerverband ausgeschlossen. Und all das sollte das KGB nicht gesehen und gehört haben?

Und selbst wenn, konnte doch gerade die Geschichte mit meiner Vergiftung das KGB nicht gleichgültig gelassen haben. Ob ich nun verrückt geworden war oder mir alles eingebildet oder ausgedacht hatte, aber ich hatte aus diesem Anlaß jedenfalls ziemlich viel Wirbel gemacht – eine Pressekonferenz einberufen, in Interviews darüber geredet, darunter in einem, das die Deutsche Welle gesendet hatte, hatte im »Kontinent« einen genauen Bericht darüber veröffentlicht. Faktisch hatte ich das KGB eines Terrorakts angeklagt.

»Sie wollen, daß ich Ihnen abnehme«, sagte ich zu Krajuschkin, »daß diese Anschuldigungen das KGB völlig kalt gelassen haben?«

»Es mag ja sein, daß vereinzelt Unterlagen über Sie gesammelt wurden, aber eine spezielle Akte gab es nicht. Wenn Sie uns nicht glauben, haben Sie die Möglichkeit, Ihre Zweifel andernorts zu äußern. Der Stellvertretende Minister Wassilij Alexejewitsch Frolow ist bereit, Sie zu empfangen und anzuhören.«

Krajuschkin rief Frolow an und traf eine Verabredung. Dann hieß es, wir sollten ins andere Gebäude lieber den Innenweg nehmen, um nicht von der Straße gesehen zu werden. Ich weiß nicht, ob das eine übliche Vorsichtsmaßnahme war oder die alte Taktik, den Klienten miteinzubeziehen und zu einer Art Mitverschworenem zu machen.

Jedenfalls war ich neugierig.

Ein Fähnrich schloß uns eine Hintertür auf, und aus einem normal aussehenden Behördenbau im Moskauer Zentrum geriet ich plötzlich in einen

Gefängnishof mit einer hohen scheinwerferbestückten Umzäunung. Über diesen Hof gingen wir ins neue große KGB-Gebäude, das direkt neben dem alten Hauptbau errichtet worden war. Durch irgendwelche Korridore kamen wir in ein geräumiges Vorzimmer und dann in das Arbeitszimmer des Stellvertretenden Ministers mit großen Porträts von Lenin und Dserschinskij.

Ein untersetzter graumelierter Mensch um die Fünfzig kam unter den Porträts hervor und bot mir die Hand.

»Ich habe gehört, Sie sind mit irgend etwas nicht zufrieden.«

»Ja, damit daß Ihre Leute mich für dumm verkaufen wollen.«

»Inwiefern?«

»Ich glaube nicht, daß man meine Akte vernichtet hat.«

»Hat man Ihnen denn nicht die Anordnung vorgelegt?«

»Doch. Aber sie stimmt schon im Kleinen nicht – wie soll ich da nicht glauben, daß sie ganz und gar falsch ist?«

»Und wieso meinen Sie, daß sie nicht stimmt?«

Ich erklärte es ihm konkret. Ich sah, wie er schnell abwog, ob es sich lohnte, Krajuschkins Version aufrechtzuerhalten, und zu dem Schluß kam, es lohnte sich nicht.

»Ja«, sagte er entschieden, »irgend etwas ist da nicht in Ordnung. Welches Jahr? Siebenundsiebzig? Nein, es muß schon früher etwas gegeben haben.«

»Irgendwelches Material über Sie«, hielt Krajuschkin an seiner eigenen Version fest, »ist freilich schon früher gesammelt worden, aber es wurde keine Akte geführt. Einzelne Unterlagen, die hier und da gesammelt und abgelegt wurden.«

»Wo abgelegt?«

»In irgendeinem Aktendeckel.«

»Aber hatte dieser Aktendeckel nicht irgendeine Bezeichnung?«

»Wieso meinen Sie, daß dieser Aktendeckel unbedingt eine Bezeichnung gehabt haben muß?«

»Gibt es denn bei Ihnen auch nur einen Aktendeckel, der keine Bezeichnung hat?«

Krajuschkin juckte es, etwas zu sagen.

»Schon gut«, bremste ihn der Stellvertretende Minister, »du siehst doch, er kapiert alles.«

»Eine treffende Bemerkung«, sagte ich, »er kapiert vielleicht nicht alles, aber doch einiges. Natürlich kann man ihn hereinlegen, aber nicht einfach so, ein bißchen Mühe müßte man sich schon geben.«

»Ich hoffe, Sie unterstellen nicht mir irgendwelche faulen Tricks Ihnen gegenüber?«

»Wie soll ich sagen? Offen gestanden wäre ich sehr erstaunt, wenn in Ihrer Stellung einer ohne Tricks auskäme.«

»Trotzdem, ich persönlich habe nicht vor, Sie zu täuschen. Ich komme eigentlich aus dem Innenministerium.«

»Sie sind kein Konstrukteur?«

»Nein, wie kommen Sie darauf?«

»Ich hatte den Eindruck. Verzeihung. Sie sind also aus dem Innenministerium – und?«

»Ich bin aus dem Innenministerium gekommen und habe mich nicht schmutzig gemacht. Und ich habe keinen Anlaß, den Unfug zu decken, der hier veranstaltet worden ist. Wir verbergen nichts. Wir haben keine Geheimnisse.«

Ich gestattete mir, auch diese Versicherung nicht zu glauben. Ein Geheimdienst ohne Geheimnisse – das wäre absurd.

»Ich will ja gar nicht in Ihre sämtlichen Geheimnisse eindringen«, sagte ich zu Frolow. »Momentan interessiert mich nur mein eigenes Dossier. Auch wenn es wirklich vernichtet sein sollte, müßten noch in anderen Dokumenten Spuren davon zu finden sein, daß das KGB sich mit mir befaßt hat.«

Krajuschkin lächelte ironisch.

»Man sieht sofort, daß Sie von der Aufbewahrung der Geheimdokumente nichts verstehen. Geheimdokumente zu einem Komplex werden, damit nichts verlorengeht, immer in einen Aktendeckel getan, nicht in zehn.«

»Ja, ja«, bestätigte der Stellvertretende Minister mit der reinen Weste, »ganz richtig. Immer in einen Aktendeckel.«

»Das kann nicht angehen«, sagte ich. »Das geht gar nicht. Bei jeder Akte gibt es unweigerlich Überschneidungen mit anderen. Außerdem gibt es nebengeordnete Dokumente, Anweisungen beispielsweise, auf die Beschattung des Objekts ›Granin‹ die und die Leute (Namen) anzusetzen, soundsoviele Autos (Nummern) einzusetzen, Benzingutscheine (Anzahl der Liter) auszugeben, zur Vergiftung ›Granins‹ sechzig Gramm Rattengift zu

153

besorgen. Oder etwas dieser Art. Zum Beispiel das Zimmer 480 im Metropol. Das muß in Ihren Papieren doch auch vorkommen. Es wurde angemietet, bezahlt, mit Ihren ›Einbauten‹ versehen. Das kann doch nicht alles in den Aktendeckel ›Granin‹ gepackt worden und mit ihm verbrannt sein?«

Frolow lächelte.

»Glauben Sie, hier will niemand Sie in die Irre führen. Am Vergangenen sind wir nicht schuld, und es zu decken, haben wir kein Interesse.«

»Dann graben Sie doch in Ihren Archiven nach, oder lassen Sie mich das tun. Ich versichere Ihnen, ich werde sehr schnell finden, was ich brauche. Und wenn Sie die entsprechenden Dokumente nicht finden, wenden Sie sich an die beiden Herren, von denen ich geschrieben habe. Die werden Sie doch hoffentlich noch nicht verbrannt haben.«

Frolow wie Krajuschkin machten abwehrende Handbewegungen.

»Wie stellen Sie sich das vor? Das liegt so lange zurück – wo sollen wir diese Leute finden? Vermutlich haben sie Ihnen auch nicht ihre richtigen Namen genannt (als ob ich etwas anderes gedacht hätte). Wie alt waren sie? Wie? Dann sind sie, auch wenn sie noch leben, längst im Ruhestand. Nicht nur Petrow, auch Zacharow. Unsere Tätigkeit ist riskant, da geht alles früh in den Ruhestand. Mit fünfundfünfzig. (Und wie riskant für sie! Sie kriegen unsretwegen früh ihre Pension, was kriegen wir?) Und wo, bitte, sollen wir sie suchen?«

Frolow blickte mich treuherzig an und vollführte eine Gebärde, die besagen sollte, er sei bereit, sich

154

persönlich auf die schwierige Suche zu machen, aber wo, wo nur waren Anhaltspunkte?

»Es gibt viele Wege, diese Kerle zu finden, als erstes über die Kaderabteilung. Dort werden doch die Personalakten Ihrer Mitarbeiter verwahrt, oder haben Sie die auch verbrannt?«

»Sollen wir etwa alle Personalakten durchsehen?«

Selbst für einen angehenden Milizionär wäre diese Frage zu naiv.

»Wieso alle? Ich sage Ihnen nochmals: Der Hauptbeteiligte an der Vergiftungsaktion sagte, er sei Abteilungsleiter. Diese Stellung wird er auch in etwa gehabt haben, vielleicht eine etwas höhere. Wenn Sie aufklären könnten, wer sich mit den Dissidenten befaßt hat, wer mit den Schriftstellern, wer insbesondere mit mir im Mai 1975, so würden ein, zwei, maximal drei Kandidaten übrigbleiben. Geben sie mir deren Photographien, ich erkenne die Visagen mit Sicherheit. Ich erinnere mich sehr gut an sie.«

Zu guter Letzt erhielt ich das Versprechen, die Suche werde fortgesetzt, allerdings ohne große Hoffnung auf ein positives Ergebnis.

Ich konnte nichts tun, als ihnen die Möglichkeit geben weiterzusuchen. Obwohl ich natürlich annahm, die Suche nach dem begrabenen Hund werde in möglichst großer Entfernung vom Grab durchgeführt.

Da ich nun schon einmal an diesem Ort war, fragte ich, ob nicht gleichzeitig nach der Akte meines Vaters gesucht werden könne, der von 1936 bis

1941 gesessen hatte. Das wurde von allen dreien freudig bejaht; nach der Akte meines Vaters zu suchen war ihnen weitaus angenehmer als nach meiner.

»Aber denken Sie bitte nicht, Sie könnten die eine Suche durch die andere ersetzen und mich so zufriedenstellen. Die Akte meines Vaters würde ich mir sehr gern ansehen, aber meine eigene brauche ich wesentlich dringender.«

Ja, ja, nickten meine Gesprächspartner trübe, sie verstünden mich sehr gut.

Der inkonsequente Sergejew
Wirklich, ein paar Zeilen bloß, aber man mußte nur hinschauen, dann trat wie auf einem Vexierbild der Gegenstand hervor. Und je intensiver man schaute, desto deutlicher.

Von der Lubjanka ging ich zu Fuß zu meiner Wohnung (bei der Metrostation Prospekt mira), warf unterwegs immer wieder einen Blick auf die beiden Blätter, die sie mir gegeben hatten, und begriff, wie sie auf »Granin« gekommen waren. 1969 hatte die Frankfurter Zeitschrift »Grani« den ersten Teil des »Tschonkin« veröffentlicht und mir damit die ersten kräftigen Schwierigkeiten beschert; von »Grani« hatten sie den Decknamen abgeleitet. Das hieß, die Akte mußte etwa um die Zeit angelegt worden sein.

Auch das zweite Blatt war interessant. Also war die neue Akte (4 Bände) angelegt worden, als ich das erstemal wieder in Moskau war. Ich war im

März 1989 gekommen, zwei Monate geblieben, und bei Ende meines Aufenthalts hatten sie schon einen neuen Aktendeckel beschriftet und zeigten damit deutlich, wie sie die Perestroika auffaßten und welcher Demokratie sie zu dienen gedachten. Und ich hatte geglaubt, es herrschte Freiheit, man könnte sagen, was man wollte! Bei mir ging die Entspannung so weit, daß ich bei einer Zeitschrift fragte, wo ich hier zwei Seiten von mir kopieren könne. Sie reagierten zunächst verwirrt – dieser Ausländer hatte vielleicht Ideen, wollte Kopien gemacht bekommen! – und wurden dann ganz geschäftig: gleich, gleich, wir lassen von Wertschenko unterschreiben, von Kobenko genehmigen, wie viele Kopien brauchen Sie? Eine? Zwei?

Ich dachte: Freiheit. Ich trat in Klubs auf, lief durch die Straßen, hielt die Zunge nicht im Zaum – und zu was? Die rastlosen Arbeiter an der unsichtbaren Front hatten mir schon eine neue Akte angehängt. Zwar stand im Vermerk zur Verbrennung, die Akte habe im wesentlichen Funkmitschnitte enthalten, aber wer wird schon einen Tschekisten der unbedingten Wahrheitsliebe verdächtigen? Und der Zeitpunkt der Verbrennung? Am 20. August 1991, am zweiten Tag des Putsches, wurden die Papiere nur deshalb verbrannt, weil sie keinen operativen und historischen Wert mehr hatten? Den Dummkopf möchte ich sehen, der das glaubt. Es wäre ja noch glaubhaft, wenn sie am 20. August sämtliche Akten verbrannt hätten, doch wenn es nur eine Auswahl war, dann zweifellos das, was ihre übelsten Geheimnisse enthielt.

Meine Rede in Radio Liberty oder meine Auftritte von 1989 vor Moskauer Publikum waren wohl kaum vordringlichster Aufmerksamkeit wert.

Und noch etwas. Erinnern Sie sich, wer die zweite Anordnung unterschrieben hatte? Oberstleutnant Sergejew. Und wessen Schnörkel zierte die im September 1990 erlassene Verfügung? Der desselben Sergejew. Das hieß, er hatte 1990 eine Akte vernichtet, die zweite aber weitergeführt. Wozu?

Lassen wir diese Frage offen.

Zu Hause angekommen, rief ich Krajuschkin an und sagte ihm, nach meiner Kenntnis habe man sich den Decknamen »Granin« 1969 für mich ausgedacht. Auf diese Weise wollte ich ihm suggerieren, daß ich Zugang zu anderen Quellen hatte.

Soll ich dir von meiner Familie erzählen?

»Reingefallen!« sagte ich zu Serjoga Nagin, der mir als Instanz zugeteilt war, durch die ich Fragen stellen und Antworten erhalten konnte.

»Wie meinen Sie das?« fragte er.

»Ich erkläre es gleich. Ich werde alles aufschreiben, was Sie mir sagen. Mit maximaler Genauigkeit. Das heißt, ich werde genau das aufschreiben, was Sie mir sagen. Sie können mich dabei täuschen, soviel Sie wollen. Aber sowohl mich als auch alle Leser zu täuschen, wird Ihnen nicht gelingen, das ist doch wohl klar. Also, Sergej Sergejewitsch, was nun? Sie haben die Wahl zwischen drei Varianten: Variante Nr. 1: Sie erkennen an, daß ich recht habe, und zeigen mir die entsprechenden Dokumente. Variante Nr. 2: Sie sagen, daß ich nicht recht habe, und untermauern das mit Dokumenten. Selbstredend nicht mit gefälschten, Fälschungen werden auf jeden Fall entlarvt. Und Variante Nr. 3, die schon läuft: Sie werden lügen und damit beweisen, daß ich recht habe. Variante Nr. 4 dürfen Sie sich selber ausdenken.

Ich muß anmerken, daß Sergej Sergejewitsch ein kluger Mensch ist, er begreift, daß auch ich Überlegungen anstelle. Und so führt er in seine Ausdrucksweise neben der direkten Polemik die dezente Andeutung ein. Zum Beispiel sage ich, daß meine Gifttäter in Zusammenhang mit meinem Fall bestraft worden seien. Er erfaßt sofort, daß sich hierin ein indirekter Beweis verbirgt – wenn sie bestraft wurden, dann nicht ohne Grund. Und nachdem er offenbar kleinere Nachforschungen angestellt hat, wirft er das nächstemal beiläufig ein, nein, sie seien nicht bestraft worden. Soweit ich sehen kann, schickt Serjoga alle meine Überlegungen gewissenhaft auf den Instanzenweg. Dann erhält er die Antwort und gibt sie in seiner Version weiter.

Die Akte meines Vaters, 1936 angelegt, fand sich übrigens an. Serjoga hatte sie nach Schwierigkeiten und großen Mühen in Taschkent entdeckt. Obwohl sie seinerzeit in Moskau und Duschanbe geführt worden war. Aber wo auch immer, sie war jedenfalls nicht verlorengegangen. Operativen Wert hatte sie nicht mehr (das Objekt der Operation war den Verfolgern bereits entzogen), des historischen bin ich mir nicht sicher, aber trotzdem hatte man sie nicht verbrannt. Zwei Aktendeckel voller Dokumente wurden nach Moskau überstellt, und ich machte mich zwei Tage lang in Nagins Arbeitszimmer mit ihnen vertraut.

Während ich in den Akten las und mir ab und zu etwas notierte, machte Serjoga Kaffee (ohne heimlich etwas hineinzuschütten, wie mir schien) und erzählte mir von sich.

Er war 1956 geboren (gerade als ich nach Moskau gekommen war, um Schriftsteller zu werden), hatte am Pädagogischen Institut studiert (ein Kollege), war Linguist (nicht Konstrukteur), sein Arbeitsgebiet war hier Graphologie, außerdem war er in der Spionageabwehr tätig. Ich begriff nicht ganz: erst Graphologie und dann Abwehrdienst oder umgekehrt. Und wo hatte er Spionageabwehr studiert? Am Pädagogischen Institut oder im Selbstunterricht? Er erzählte von seiner Familie, für die die Arbeit ihm kaum Zeit ließ. Er müsse sich viel mit Rehabilitierungen befassen, mit der Suche nach verschollenen amerikanischen Piloten und noch mehr dergleichen nach dem Prinzip: niemand und nichts ist vergessen. Er komme spät nach Hause, gehe früh weg, die Kinder sähen ihn so gut wie gar nicht, schon nenne sein jüngster Sohn seinen ältesten Papa.

Mitten im Erzählen hielt er plötzlich inne und sagte: »Ach, ich habe ja ganz vergessen, daß man schon einmal zu Ihnen gesagt hat: ›Soll ich dir von meiner Familie erzählen?‹«

»Stimmt«, sagte ich, »und es hieß auch: wir sind

160

nicht mehr so wie früher, und überhaupt sind wir von Beruf Linguisten und Konstrukteure und sind ganz zufällig hierher geraten.«

So vertrieben wir uns die Zeit mit Scherzen.

Über die jüngste Vergangenheit seiner Organisation war Serjoga tief bekümmert. Es hatte doch nur eine einzige wirklich schlimme Abteilung gegeben, und ihretwegen war das ganze KGB in Verruf geraten. Diese »Falken« aus Referat 5 waren Primitivlinge, plump in ihrer Arbeit, grob in ihrer Sprache. Und dabei konnten Worte doch töten.

»Worte«, sagte ich, »sicher, das geht. Aber eine Flasche ist noch sicherer. Wie zum Beispiel bei Konstantin Bogatyrjow. Sie haben davon gehört?«

»Nein.«

Bisweilen erkundigte er sich zwischendurch nach Details meiner Vita: »Sie hatten im Ausland doch keinen Kontakt zur CIA, oder?«

Bisweilen riet er mir, einfach alles zu vergessen.

»Was war, das war«, sagte er philosophisch, »wozu das Vergangene immer wieder aufrühren, für nichts und wieder nichts?«

»Verstehen Sie, Sergej Sergejewitsch«, versuchte ich ihm zu erklären, »mich haben viele Leute immer für einen ehrlichen und wahrheitsliebenden Menschen gehalten. Dafür habe ich dann und wann einige Unbilden hinnehmen müssen. Aber Ihre Leute haben mich dafür vergiftet und als Spinner und Lügner hingestellt. Und das lasse ich mir nicht gefallen, dafür ist mein guter Ruf mir zuviel wert.«

Gelegentlich telefonierten wir auch miteinander. Serjoga war immer auf der Hut.

»Was rauscht da so bei Ihnen im Telefon, Wladimir Nikolajewitsch? Lassen Sie ein Tonband mitlaufen?«

»Stört Sie das? Wir reden doch nicht im geheimen miteinander.«

Geheim oder nicht geheim, die Wachsamkeit ließ nicht nach. Im Studio Ostankino sollte eine Veranstaltung mit mir vor Publikum vom Fernsehen aufgezeichnet werden. Die Einladung dazu hatte Serjoga angenommen, aber er war nicht erschienen. Auf meine Frage, warum nicht, antwortete er ehrlich: weil seine Vorgesetzten ihm davon abgeraten hätten. Bei meinem bekanntermaßen streitsüchtigen Charakter (sogar seine Vergiftung will er einfach nicht vergessen) müsse man auf alle möglichen Extravaganzen gefaßt sein, ich hätte ja plötzlich von der Bühne aus auf ihn deuten können und rufen: da ist der verfluchte KGB-Typ, auf ihn! Und das vor laufenden Fernsehkameras …

»Hören Sie«, sagte ich, »ist Ihr Minister wirklich so ein Großmeister im Katzbuckeln vor seinen Oberen?«

Was das Tonband betraf: ich ließ keins mitlaufen. Ich hatte weder Lust noch Bedarf, Spion zu spielen. In die Lubjanka brachte ich ein kleines Diktiergerät mit, in aller Offenheit. Die Akte meines Vaters abzuschreiben war mühselig, aufs Band zu nuscheln einfacher.

Ein paar Wochen nach unserer ersten Begegnung im KGB brachte Serjoga mir folgendes nach Hause:

BESTÄTIGUNG
Am 1. Oktober 1973 wurde von Referat 5 des KGB
der UdSSR im Zuge der operativen Überprüfung
von Woinowitsch Wladimir Nikolajewitsch die
Akte Nr. 3385 angelegt.
Das Material dieser Akte wurde am 3. März 1977
der neuangelegten Akte Nr. 11049 – operative Bear-
beitung von Woinowitsch W. – beigefügt.
Die bezeichnete zehnbändige Akte der operativen
Bearbeitung wurde am 10. Januar 1991 von Refe-
rat 3 des KGB der UdSSR vernichtet.

Zentralarchiv des Staatssicherheits- (runder
ministeriums der Russischen Stempel)
Föderation
31. März 1992

Fast mein ganzes Leben lang stand ich im Ruf,
gutgläubig zu sein, allzu gutgläubig sogar, aber das
hier war zuviel verlangt.

Noch einmal: Seit 1966 hatte ich alle möglichen
Briefe unterzeichnet. 1968 hatte ich mich in der
Schar der Dissidenten bei dem Gebäude herumge-
trieben, wo der Prozeß gegen Ginsburg und Galans-
kow stattfand, im selben Jahr wurden alle meine
Sachen verboten und im ganzen Land, zum Teil unter großem Skandal, meine Stücke abgesetzt. 1970
wurde ich in der Sache Andrej Amalrik in der Staatsanwaltschaft vernommen, zwei Jahre später in der
Sache Jarik im Gefängnis Lefortowo. 1969 druckten
die »Grani« den »Tschonkin«, 1970 erhielt ich dafür
den strengen Verweis. Und all diese Jahre sollte man

kein Material über mich zusammengetragen und in einem Aktendeckel gesammelt haben? Und das in unserem polizeistaatlichen Vaterland?

Ich behielt diese Zweifel jedoch für mich. Mein Hauptinteresse galt schließlich nach wie vor dem Vorfall im Metropol.

Am 3. April war die Fernsehaufzeichnung im Studio Ostankino, am 4. flog ich nach Deutschland zurück.

Als ich nach einem Monat wiederkam, vertiefte ich mich erneut in die Akte meines Vaters und schloß diesen Teil meiner Arbeit zu meiner vollsten Zufriedenheit ab.

Um diese Zeit traf ich auf einem Empfang beim englischen Botschafter Wadim Bakatin, den ehemaligen Vorsitzenden des KGB. Auf meine Frage, ob er auch glaube, meine Akte sei verbrannt worden, meinte er: »Ja, ich habe das persönlich überprüft, Ihre Akte hat man tatsächlich vernichtet.«

Vielleicht. Obwohl Wadim Bakatin während seiner Amtszeit von seinen Untergebenen genauso belogen worden ist, wie man es mit mir gemacht hat. Vielleicht etwas raffinierter. Man kann eine Akte verbrennen und die Asche in alle vier Winde streuen, aber alle Spuren eines Verbrechens lassen sich nicht beseitigen, dazu sind es zu viele.

Uns ist es so vorgekommen
Während ich noch über der Akte meines Vaters saß, sagte mir Serjoga, ich werde demnächst zum Chef gebeten, man habe die fraglichen Leute auf-

getrieben, beiden gehe es gut, der eine sei die letzten Jahre in Karaganda tätig gewesen, habe sich dort bis zum General hochgedient und sei nun in Pension, der zweite sei noch weiterhin im Dienst, man habe ihn vernommen, es sei alles vollständig geklärt.

»Was ist alles geklärt?« fragte ich.

»Wladimir Nikolajewitsch, man wird Ihnen alles sagen, aber was jene Angelegenheit betrifft, so ist nun klar«, er lächelte und hob leicht die Arme, »daß es Ihnen bloß so vorgekommen ist.«

»Wirklich?«

»Bestimmt«, grinste er etwas verlegen. »Das ist doch verständlich, Wladimir Nikolajewitsch. In einer solchen Situation wäre das jedem so vorgekommen. Aber was rede ich, Sie werden sich bald selbst davon überzeugen können.«

Zum Tee in der Lubjanka

Endlich rief Serjoga an und teilte mir mit, der Chef erwarte mich am Montag, dem 8. Juni.

Am Montag konnte ich nicht, ich war in Riga. Ich kam am 9. zurück und rief Krajuschkin an. Er war der Chef, wie sich herausstellte. Wir verabredeten uns. Um zwei Uhr war ich bei Eingang 5, wo Nagin mich erwartete. Wir begaben uns in Krajuschkins Zimmer, einen großen Raum mit langem Konferenztisch, mit den gleichen Lenin- und Dserschinskijporträts an der Wand.

Ein griesgrämiger finsterer Major, offenbar Krajuschkins Sekretär, brachte jedem eine Tasse starken Tee. Ich überlegte kurz, Krajuschkin aus Jux vorzuschlagen, die Tassen zu tauschen, ließ es dann aber, weil die Gegenseite den Vorschlag vermutlich als ernstgemeint aufgefaßt hätte.

»Wir haben für Sie gearbeitet, Wladimir Nikolajewitsch«, verkündete Anatolij Afanassjewitsch triumphierend und kniff die Augen zusammen, »und haben dies hier gefunden.«

Diesmal lag im Aktendeckel ein ganzer Papierstoß, etwa dreißig Blatt. Irgendwelche Exzerpte, die Krajuschkin mir laut vorlesen wollte, mir dann aber doch alle in die Hand gab, wenn ich auch nichts abschreiben durfte. Die Exzerpte stammten offensichtlich aus den Monatsberichten des besagten Referats 5 des KGB an die oberste Führung.

Zum Durchlesen hatte ich nur wenig Zeit, außerdem saßen mir meine beiden Gesprächspartner im Nacken und erzählten pausenlos (Krajuschkin davon, wie er in der Breschnewzeit seinen früheren Lehrer davor bewahrt hatte, wegen einer positiven Äußerung über das Ausland bestraft zu werden), so daß es ganz unmöglich war, sich eingehend mit der Lektüre zu befassen, sie war aber auch keineswegs so interessant.

Die Exzerpte enthielten viel von dem, was man Augenwischerei nennt. Also bewußte Übertreibung im Hinblick auf Umfang und Qualität der geleisteten Arbeit. Das hieß in diesem Fall, daß man der Führung zu Gefallen den Feind als besonders wichtig und gefährlich darstellen mußte. Zum Beispiel wurde über die Anstrengungen berichtet, die

Pseudonyme aufzudecken, unter denen ich im Westen veröffentlicht hatte. Dabei hatte ich mich weder im Westen noch im Osten irgendwelcher Pseudonyme bedient, abgesehen von einer sehr kurzen Phase 1959, als ich bei der Betriebszeitung »Moskowskij wodoprowodtschik« arbeitete und meine Artikel und Glossen oft mit fiktiven Namen oder denen meiner Freunde unterzeichnete. (Am häufigsten gebrauchte ich das Pseudonym O. Tschuchonzew und mußte dann Abmahnungen hinnehmen wie: »Genosse Tschuchonzew hat nicht begriffen, Genosse Tschuchonzew hat nicht differenziert, Genosse Tschuchonzew hat die Meinung der Parteiführung mißachtet...« Ich schickte diese Äußerungen an Oleg Tschuchonzew weiter und schrieb ihm auf einem Briefbogen der Redaktion, wenn Genosse Tschuchonzew nicht gewisse Folgerungen ziehe, werde die Redaktion genötigt sein, auf seine Dienste zu verzichten.)

Die Berichte waren allgemein gehalten. In einigen Fällen hatten neben meinem Namen bzw. Decknamen andere gestanden, aber die waren durch Pünktchen ersetzt. Das sah dann so aus: »Am 3. März traf ›Granin‹ sich mit ... und sprach mit ihm über ...« Auch ein realer Name wurde erwähnt, den ich hier durch den erdachten »Korobkin« ersetze.

Zunächst war ich verwundert – was für ein Korobkin?

Dann fiel es mir ein.

Augen, überall Augen

Im Jahre 1974, wenn ich mich recht erinnere, war von Naum Korshawin die Nachricht gekommen, Beatrice Korobkin, eine Amerikanerin, werde sich zu einem kurzen Besuch in Moskau aufhalten und wir sollten uns ihrer annehmen. Die Zusammenstellung von Vor- und Nachnamen ließ mich aufhorchen und weckte in mir eine nicht gerade ungeduldige, aber doch neugierige Erwartung – ich stellte mir eine verkümmerte alte Dame der ersten Emigration vor, natürlich keine Fürstin oder Gräfin (weil es keine adlige Familie dieses Namens gab), aber immerhin die Witwe eines Denikinschen oder Wrangelschen Obristen (der Rang stand für mich fest), die ein schönes altmodisches Russisch mit amerikanischem Tonfall sprach.

Dann erhielt ich einen Anruf von auswärts, und eine schüchterne Männerstimme mit stark südlichem Akzent fragte: »Sie wissen nicht zufällig, wann Tante Trischa kommt?« Auf meine Frage, wer nach ihr verlange, kam die Antwort: »Verwandtschaft aus Armawir.«

Meine Vorstellung von Beatrice verschob sich damit etwas in Richtung Kosakenhauptmannswitwe.

Im übrigen dachte ich an keinerlei Beatrice, als bald darauf eine krächzende und aufgeregte Frauenstimme am Telefon zu mir sagte: »Walodja, ich Trischa. Du kommen.«

Ich paßte mich ihr an und fragte: »Ich kommen? Wohin?«

»Chotel Jukrein.«

»Wie?« Ich verstand nicht.

»Chotel Jukrein«, wiederholte sie, und ich begriff mit einiger Anstrengung, daß »Chotel« Hotel und »Jukrein« Ukraina hieß und daß ich so schnell wie möglich dahin kommen sollte.

Ich nahm ein Taxi zum Hotel, begab mich in das genannte Stockwerk, fand das entsprechende Zimmer und traf dort auf mehrere Amerikaner, unter ihnen ein weibliches Wesen um die Vierzig, groß und von jener unglaublichen Körperfülle, wie sie damals bei den Amerikanern, die Riesenmengen Popcorn in sich hineinstopften, vor allem im Kino, und sich noch nicht mit Kalorienzählen abplagten, keine Seltenheit war.

Ich weiß nicht, ob ich ihr vorab als absolut verläßlicher Mensch empfohlen worden war oder ob sie sich einfach in einem solchen Zustand befand – jedenfalls stürzte Trischa auf mich zu wie auf einen nahen Verwandten.

»O Walodja, ich so nicht kann, so nicht will. Hier Augen überall. Augen, Augen, überall.«

Was denn für Augen?

Solche, die sie aus allen Winkeln beobachteten.

O Gott, dachte ich, kaum gelandet und schon Verfolgungswahn.

Es war merkwürdig, daß ein so großes Geschöpf sich wegen irgendwelcher Augen so ängstigte.

Trischa war für eine Woche mit einer Reisegruppe hergekommen, und ich versuchte ihr beruhigend zuzureden, man werde nicht wagen, ihr als Mitglied einer amerikanischen Gruppe etwas anzutun. Das gäbe einen viel zu großen internationalen Skandal.

Dann schlug ich ihr vor, mit zu uns zu kommen.

Sie zerrte unter ihrem Bett zwei riesige Reißverschlußtaschen hervor. Die eine, in Dunkelblau, war für uns und unsere Freunde, die andere, in Schwarz mit aufgemaltem Tiger, für die Verwandtschaft aus Armawir.

Die Lifte im Hotel Ukraina sind geräumig, tagsüber aber immer voll besetzt. Auch in unserem nahm während der Abwärtsfahrt das Gedränge von Stockwerk zu Stockwerk zu. Trischa, in der Mitte eingezwängt, musterte alle Umstehenden mit unverhohlenem Mißtrauen.

Von diesem Mißtrauen nahm sie auch den Taxifahrer nicht aus, an den wir gerieten, kaum daß wir einen Fuß nach draußen gesetzt hatten. Ein solcher Raser ist mir später außerhalb der Grenzen unseres Landes nie wieder begegnet. Er schoß durch die Moskauer Straßen und schleuderte auf seinen abgefahrenen Reifen mit einem derartigen Quietschen durch die Kurven, daß Trischa ihn für einen Kamikazekommunisten hielt, entschlossen, zu Tode zu kommen, aber gleichzeitig diese Vertreterin des amerikanischen Imperialismus zugrunde zu richten (ich kam in der Lagebeurteilung überhaupt nicht vor). Trischa, die sich keineswegs mit dem ihr zugedachten Los abfinden wollte, wimmerte während der ganzen Fahrt und hielt mich am Arm gepackt.

Zu Hause türmte sich der Inhalt der dunkelblauen Tasche in der Mitte meines Zimmers zu einem Berg von allem möglichen Zeug. Auch ein paar Nerzfelle waren dabei. Irgendein neuerer Emigrant, der seinen daheimgebliebenen Verwandten oder Freunden materielle Unterstützung zukommen lassen wollte, hatte herausgefunden, daß diese Felle in Amerika nur drei Dollar pro Stück kosteten und sich hier mit hohem Gewinn verkaufen ließen. Naum Korshawin hatte einen erheblichen Teil seiner sehr bescheidenen Einkünfte ebenfalls auf diese Felle verwendet und schickte sie nun Freunden und Bekannten, die nach seiner Vorstellung materieller Hilfe bedurften. All diesen Plunder anzunehmen war peinlich, aber was sollte man tun, wenn die Staatsmacht einem jeden Weg legalen Broterwerbs versperrt und als einen ihrer Hauptverbündeten im Kampf gegen Andersdenkende die Knochenhand des Hungers erwählt hatte?

Jeglicher Verdienstmöglichkeit beraubt, waren selbst bedeutende Schriftsteller, bildende Künstler und Wissenschaftler gezwungen, Geschenke anzunehmen, manchmal auch ihre eigenen Auslandshonorare (die sie offiziell nicht erhalten durften) in Form von »Naturalien« wie Radios, Tonbandgeräten, Uhren, Rechnern bis hin zu Kleidung, sie schämten sich ihrer erniedrigenden Lage und mußten sich auch noch von Feuilletonisten verspotten lassen – als Abweichler, die ihre Heimat für Jeans, Schaffelljacken oder sogar (wie es von Jurij Orlow hieß) für Unterhosen verkauften.

Trischa erzählte, daß ihre Taschen am Flughafen sehr gründlich durchsucht worden waren, jeden Lappen hatten die Zöllner genau betastet, den von ihr mitgebrachten Brief Korshawins jedoch zum Glück nicht gefunden. Jetzt wurde der Brief seinem Adressaten, also mir, ausgehändigt, und ich entnahm ihm, daß Trischa die Frau Wanja Korobkins war, eines einfachen Russen, der seinerzeit in Armawir Schuster gewesen war und dasselbe Handwerk nun in Boston ausübte. Dazwischen lagen Krieg, Gefangenschaft, Wlassow-Armee, Lager für Displaced Persons und abenteuerliche Übersiedlung nach Amerika.

Wanjas Wlassowsche Vergangenheit war vermutlich auch die Ursache dafür, daß man Trischa soviel Aufmerksamkeit gewidmet hatte.

Trischa war Lehrerin an einer High School und bekam ein für damalige Verhältnisse gutes Gehalt, siebenhundert Dollar im Monat. Wanja verdiente auch nicht schlecht. Sie besaßen ein Haus, zwei Autos und … sie zählte bereitwillig ihre gesamte Habe auf, in der das Sofa aus irgendeinem Grund einen ganz besonderen Stellenwert hatte.

Nach Trischas Meinung waren alle Russen verrückt. Ihr Wanja zum Beispiel sagte immer: Ich will nach Hause. Wir verjagen die Kommunisten, und dann gehe ich sofort in meine Heimat zurück.

Worauf sie ihm immer sagte: Wohin willst du denn zurückgehen? Hier hast du ein Haus, ein Auto, ein Sofa – und da?

Ich lebte zu der Zeit in einer schönen Zweizimmerwohnung, die nach Aussage von Amerikanern in Manhattan damals hunderttausend Dollar gekostet hätte.

»Wieviel Zimmern?« fragte Trischa. »Zwei?« Sie verzog abschätzig das Gesicht. »Ich haben acht. Zwei levels, acht Zimmern.«

Sie konnte diese Russen überhaupt nicht begreifen und fragte mich: »Walodja, warum du willst nicht nach America geht?«

Ich erklärte ihr, nicht allzu ernsthaft: Heimat, Muttersprache, Birken.

Sie schnaubte: »Du denken, in America kein Birken. In America alles: Eiche, Sequoia, Palme, Birken – alles.«

Sie mochte die Gruppe nicht, mit der sie gekommen war, das von Intourist vorgeschlagene Programm interessierte sie nicht: Kreml, Leninmausoleum, Ausstellung der Errungenschaften der Volkswirtschaft der UdSSR, Bolschoi-Theater, Sagorsk. Außerdem bekam sie jedesmal, wenn sie sich nicht in unserer Wohnung aufhielt, einen neuen Anfall von Verfolgungswahn. Hatte sie den ganzen Tag bei uns verbracht, war sie beruhigt und entkrampft. Für die Nacht brachte ich sie ins Hotel, und wenn ich morgens zum Abholen kam, stürmte sie wieder angsterfüllt aus ihrem Zimmer. Wieder hatte sie »überall Augen« zu sehen gemeint.

Am dritten Tag nach ihrer Ankunft tauchte als Vertreterin der »Verwandtschaft aus Armawir« Nina auf, die Tochter von Wanjas Bruder, eine junge Blondine im Skianzug, das Komsomolzenabzeichen auf der flachen Brust.

Aus irgendeinem Grund gab Trischa Nina nicht gleich die Tigertasche. Aber sie verbrachten den Tag zusammen, gingen in den Berjoska-Shop, wo für Nina und ihre Familie gegen Devisen eine Unzahl von Geschenken gekauft wurde, darunter auch Bulgakows Roman »Der Meister und Margarita«, an den damals kaum einer herankam. Bei uns zu Hause machte Nina sich dann begierig ans Sortieren der Einkäufe, das Buch aber hielt sie mir hin: »Nehmen Sie nur, das brauchen wir nicht.«

In Unterschätzung der Russischkenntnisse ihrer Tante beschwerte sie sich in Trischas Anwesenheit: »Sie ist ungebildet. Für nichts interessiert sie sich, will nicht in die Ausstellung der Errungenschaften, fährt nicht mit der Metro …«

Trischa wirkte abwesend, schaute weg, schien nichts zu hören, doch plötzlich warf sie ein: »Subway is subway …«

Nina ließ sich durch diese Bemerkung nicht stören und fuhr fort, die Unzulänglichkeiten Trischas in deren Hörweite zu erörtern.

»Nichts will sie. Da macht man ihr den Vorschlag, eine Musterschule zu besichtigen, schließlich ist sie Lehrerin – und, was meinen Sie? Sie lehnt ab …«

»School is school«, knurrte Trischa.

»Überhaupt sind sie ziemlich rückständig«, ließ Nina sich nicht aufhalten. »Onkel Wanja in seinem Amerika ist wohl auch komplett gaga. Glaubt an Gott, können Sie sich das vorstellen?«

Trischa sprang plötzlich auf, rief mich in den Flur und fragte in erregtem Flüsterton: »Walodja, ist Nina auch Kommjunist?«

Ich sagte, ja, das sei durchaus möglich. Entsetzt schlug sie die Hände zusammen. »Wundert Sie das?« fragte ich. »Wußten Sie denn nicht, daß es in diesem Land Kommunisten gibt?« – »Ooooh«, faßte Trischa sich an den Kopf, »ich will flieg zu Hause, America, Boston.«

Am Abend fuhr Nina in ihr Armawir zurück. Als das bestellte Taxi kam, ergriff ich, um Nina zu helfen, die Taschen, doch Trischa stürzte mir nach und entriß mir die mit dem Tiger.

»Ist die denn nicht für Nina?« fragte ich.

»Nein, nein«, sagte Trischa verärgert, »die nicht für Nina, die für jemand, ich weiß.«

Es entstand eine gewisse Verlegenheit. Nachdem ich Nina ins Taxi gesetzt hatte, ging ich wieder zu mir hinauf und bekam von Trischa zu hören, für Kommunisten schleppe sie kein Gepäck über den Ozean, und ich möge bitte die Sachen einem der Dissidenten geben.

Noch in derselben Nacht hatte sie im Hotel einen sehr schweren Asthmaanfall. Vermutlich machten die Nerven nicht mehr mit. Meine Frau fuhr zu ihr, rief einen Arzt, und der erschien mit einer riesigen Spritze. Trischa verfolgte jede seiner Bewegungen, voll Angst, man werde ihr gleich Zyankali spritzen oder sie mit dieser Nadel durchbohren.

Die Injektionen (es waren mehrere) verschafften ihr nur zeitweilige Erleichterung, Trischas Befinden verschlimmerte sich. Sie konnte schon nicht mehr zu uns kommen, fürchtete sich aber allein im Hotel. Also fuhren wir zu ihr und hielten abwechselnd in ihrem Zimmer Wache. Als ich am Abend vor dem Abflug zu ihr kam, fand ich ihren Zustand beängstigend: sie lag keuchend auf dem Rücken und rollte die Augen. Ich fragte sie, ob man viel-

175

leicht versuchen solle, das Ticket für ein späteres Datum umzutauschen. »No«, zischte sie erschrokken. »Maybe ich stirb, doch dann ich stirb in amerikanisches airplane.«

In der Zeit danach habe ich oft von der komischen dicken Amerikanerin erzählt, die in Moskau immerzu und überall Augen zu sehen gemeint hatte. Nachdem ich mittlerweile die KGB-Berichte über mich gelesen habe, weiß ich, daß diese Augen keine Einbildung waren, sondern Realität.

Das Antlitz des Feuervogels

In denselben Exzerpten tauchte auch einmal der Name einer weiteren Amerikanerin auf: Victoria Shandor. Auch hier wußte ich nicht gleich, von wem die Rede war, doch dann fiel es mir ein. Ich erinnerte mich, wie mir ein Bekannter kurz nach dem Metropol-Abenteuer ein dünnes salatfarbenes Buch fremdländischer Herkunft brachte, auf dessen Einband stand: »Das Antlitz des Feuervogels, von Alla Ktorowa«. Eine alte Emigrantin, dachte ich. Aber beim Lesen merkte ich, daß es von unserem zwar nicht gegenwärtigen, aber doch gerade erst vergangenen Moskauer Leben handelte, sensibel, mit vielen Details, geschmackvoll, nuancenreich und voll Sehnsucht nach der vom Antlitz Moskaus verschwundenen Straße Solomennaja Storoschka.

Ich las das Buch durch, schrieb der Autorin ein paar lobende Zeilen, erhielt eine freudige Antwort, und bald darauf offenbarte sich auch Alla

Ktorowa selbst (ihr richtiger Name war Viktoria Katschurowa Shandor), eine Frau, mit einem für jene Zeit ungewöhnlichen und romantischen Schicksal.

In den fünfziger Jahren hatte sie als Intourist-Dolmetscherin einen berühmten amerikanischen Piloten und Kriegshelden kennengelernt, hatte sich in ihn verliebt (und er sich in sie), hatte ihn unter großen Schwierigkeiten geheiratet und unter beträchtlichem Aufsehen ihr Heimatland verlassen, dem sie immer nachtrauerte. Nun erschien sie mit Geschenken, einem Brief für Kostja Bogatyrjow von Roman Jakobson (der den Adressaten seit seiner Geburt in Prag vor fünfzig Jahren kannte), mit dem Wunsch, alle meine Freunde zu sehen, und der Bitte, ihren Kindheitsfreund, den Lyriker Alexander Meshirow, einzuladen.

Aus Anlaß eines so hohen Besuchs wurde natürlich ein Festmahl veranstaltet, zu dem außer den Dauerteilnehmern an unseren Tafelrunden, den Sarnows, Kornilows und Bogatyrjows, auch mein neuer Freund, der Physiker Walja Petruchin, und eben Alexander Meshirow erschienen.

Von Vika hatten alle schon viel gehört und fragten sie jetzt wild durcheinander, wo und wie sie diesen Piloten aufgegabelt hatte, wie viele Zimmer ihre Wohnung hatte, wie lang ihr Auto sei und ob der Name ihrer Straße wirklich nur aus dem Buchstaben O bestehe.

Kostja freute sich über den Brief Jakobsons (den er im übrigen, wie alle Strukturalisten, einen Korinthenkacker nannte), war von der Bekanntschaft

mit einer so ungewöhnlichen Ausländerin hingerissen, äußerte den Wunsch, brieflich in Kontakt zu
bleiben, und gab, da er in gehobener Stimmung
war, einige der Schweikiaden zum besten, die ihm
kaum seltener zustießen als Grischka Agejew.

Eine hatte er gerade erst kürzlich erlebt. Er hatte
plötzlich eine Vorladung zum Militärkommissariat erhalten, er solle zur Kontrolle vor der Ärzte-
kommission erscheinen. Als gebranntes Kind erwartete Kostja von der Staatsmacht nichts Gutes,
vom Militärkommissariat schon gleich gar nicht.
Normalerweise fürchtete er, man werde ihn über
kurz oder lang seine fünfundzwanzig Jahre zu
Ende absitzen lassen, diesmal war er in Sorge, man
werde ihn einziehen. Er fuhr zu seinem Freund
Gennadij Snegirjow, um sich mit ihm zu beraten.
Dieser begriff sofort und riet ihm, »auf geistesge-
stört zu machen«.

»Wenn du ins Militärkommissariat gehst, nimm
eine große Schüssel mit. Und wenn sie dich dann
fragen: ›Wozu die Schüssel?‹, sagst du: ›Nur so.‹
Ich zum Beispiel, wenn ich ins Militärkommissariat
komme, kämme mich immer vor der Wandzeitung,
so als wäre sie ein Spiegel.«

Bogatyrjow nahm keine Schüssel mit und ge-
nierte sich, sich vor der Wandzeitung zu kämmen.
Er hatte den Internisten durchlaufen, den Chirur-
gen, den Radiologen und kam nun in den Praxis-
raum des Psychiaters.

»Ich komme hinein, sitzt da so eine üppige
Dame, und ich habe die Tür noch nicht einmal
richtig auf, da schreit sie schon: ›Fangen Sie bloß

nicht an, den Geistesgestörten zu markieren.‹ – ›Tu ich ja gar nicht‹, sage ich. Sie, besänftigt: ›Setzen Sie sich, was haben Sie für Beschwerden?‹ – ›Keine.‹ – ›Und warum zittern Ihre Hände so?‹ – ›Sie zittern, seit ich einmal zur Todesstrafe verurteilt war.‹ – ›Sie? Zur Todesstrafe? Weswegen?‹ – ›Wegen Terrors‹, sage ich. ›Das denken Sie sich aus! Was denn für Terror?‹ – ›Terror‹, erkläre ich, ›das ist, wenn einer einen umbringt.‹ – ›Und haben Sie jemanden umgebracht?‹ – ›Nein, ich hatte nur vor, Stalin umzubringen.‹ Bei dem Wort ›Stalin‹ wird sie auf einmal ganz still und fängt an, irgend etwas zu schreiben. Als sie damit fertig ist, hebt sie den Kopf und fragt: ›Sie wollen also nicht zum Terkurs?‹ – ›Was ist das?‹ frage ich erschrocken. ›Ein Kurs für Terroristen?‹ Sie sieht mich an, seufzt und sagt: ›Sie können gehen, Sie sind entlassen.‹ So bin ich nicht zum Terkurs gekommen und habe erst später erfahren, daß das ein territorialer Schulungskurs ist.«

Nach Kostjas Erzählung setzte allgemeiner Lärm ein, und Meshirow fing an, mir halblaut von seiner Indienreise zu erzählen und davon, daß er in Delhi den »Kontinent« gekauft und die Geschichte von meiner Vergiftung in einem Atemzug gelesen hatte.

»Ich w-war vö-völlig ersch-schüttert«, sagte er, stotternd wie immer. »Hervo-vorragend geschrieben, e-erstaunlich detailgetreu. Und wi-wissen Sie, wa-was ich begriffen habe?«

»Was?« konnte ich des Rätsels Lösung kaum erwarten.

»Da-daß gar nichts war.«

»Wie, nichts war?« fragte ich erstaunt. Nach dem vorangegangenen Lob war diese Schlußfolgerung reichlich unverhofft.

»Eben so.«

»Sie wollen damit sagen, ich hätte mir alles ausgedacht?«

»Aber nein. Sie ha-haben sich nichts ausgdacht, Sie haben nu-nur eine sehr stark en-entwickelte kü-künstlerische Phantasie.«

Inzwischen hatte sich die allgemeine Unterhaltung dem auch damals schon beliebten Thema zugewandt, daß man in diesem Land einfach nicht leben konnte, und dem Gast wurden Fragen vorgelegt, hinter denen noch keinerlei ernste Absichten standen, aber auch nicht nur die pure Neugier: ob man dort von den Honoraren leben könne, ob es schwer sei, Englisch zu lernen, ob New York wirklich eine so hohe Kriminalität habe und was etwa ein gebrauchter Cadillac koste.

Vika regte sich wahnsinnig auf und fing an, leidenschaftlich auf uns einzureden.

»Seid ihr verrückt geworden? Wieso wollt ihr weg? Hier ist es so schön. Einen so wenig oberflächlichen, so intensiven Umgang miteinander, vom Gefühl wie vom Intellekt her, findet ihr sonst nirgends! Nirgends. Ihr könnt dort ein Haus haben, ein Auto, einen großen Kühlschrank, aber eine solche Art des Umgangs findet ihr nie und nirgends.

Bogatyrjow war von Vikas Worten stark beeindruckt, und als er am nächsten Tag kurz bei mir vorbeikam, um sich ihre genaue Adresse in Washington geben zu lassen, sagte er: »In gewisser Hinsicht hat sie natürlich recht, und ich muß nicht unbedingt dahin, aber du solltest darüber nachdenken, weil sie dich hier totschlagen werden.«

Drei Wochen später hatte ein in Stoff gewickelter stumpfer Gegenstand ihm den Schädel eingeschlagen.

Aus krankhafter Ängstlichkeit

Unter den Exzerpten fand ich einige Berichte über Maßnahmen, mit denen man mich hatte daran hindern wollen, mit Ausländern zu verkehren und meine Hetzschriften in den Westen zu schaffen.

Den Kontakt zu Ausländern konnten sie gelegentlich verhindern, und die Hauptperson in dem bemerkenswertesten Fall war wieder Jewgenij Alexandrowitsch Jewtuschenko. Es ist nicht meine Schuld, daß er in diesen Aufzeichnungen so häufig vorkommt, aber er hat selber einiges dazu getan, um mir so im Gedächtnis zu bleiben, wie er auf diesen Seiten erscheint.

Im Sommer 1979, wenn ich mich nicht irre, kamen die amerikanischen Autoren William Styron, Edward Albee, John Updike und noch jemand, dessen Namen ich vergessen habe, nach Moskau. Ich interessierte mich nicht besonders dafür, weil ich wußte, daß sie nicht zu mir wollten. Ira, Olja und ich waren zu der Zeit auf der Datsche, die beiden die ganze Zeit, ich mit Unterbrechungen. Als ich wieder einmal kurz in Moskau war, tauchte

Igor Beloussowitsch, Erster Sekretär der amerikanischen Botschaft, bei mir auf und fragte mich, ob ich diese Autorendelegation nicht bei mir zu Hause empfangen könne. Natürlich konnte ich. Für mich war eine solche Begegnung nicht nur interessant, sondern aus Sicherheitsgründen auch wichtig: die Anerkennung durch ausländische Berühmtheiten war ein gewisser Schutz gegen allzu grobes Vorgehen des KGB.

Ich fuhr auf die Datsche, verfrachtete Weib und Kind nach Hause, das Abendessen wurde vorbereitet, auf sieben Uhr abends angesetzt, von unserer Seite waren wieder Kornilows, Sarnows und Petruchin erschienen, wir saßen, wie man so sagt, mit sauber gewaschenen Hälsen da, und die transatlantischen Gäste ließen auf sich warten. Um neun fingen wir schließlich ohne sie zu essen an, um elf fiel eine große Schar von Amerikanern bei uns ein, ich versuchte herauszufinden, wer von ihnen Styron, wer Albee war – keiner, wie sich herausstellte. Ich kannte nur einen Menschen, Igor Beloussowitsch, alle anderen waren Botschaftskollegen von ihm. Auf meine Frage nach den Schriftstellern mußte er verlegen zugeben, daß Jewtuschenko sie alle abgeschleppt hatte. Er hatte ihnen gesagt, ich wäre ein unbegabter Autor, ein schlechter Mensch, keiner Aufmerksamkeit wert, und hatte sie alle nach Peredelkino entführt und ihnen nachts bei Mondschein an Pasternaks Grab Wodka eingeflößt und jaulend Gedichte rezitiert, seine eigenen, nicht Pasternaks.

Auch bei anderen Gelegenheiten hielt man die

182

Ausländer von mir fern. Mit den nicht berühmten verfuhr man simpler: einem zerstach man die Reifen, dem anderen versprach man im Hauseingang, ihm die Beine zu brechen, eine Italienerin bekam einen schweren Schlag auf den Kopf.

Aber die Berichte darüber, wie ich meine Hetzschriften in den Westen schaffte, waren die reinste Schaumschlägerei. Wenn sie sich wirklich bemüht hatten, mich daran zu hindern, war ihnen das in all den Jahren nicht ein einziges Mal gelungen, und das ließe sich schwer begreifen. Sie hatten mich nicht einen Tag aus den Augen gelassen, waren mir Tag und Nacht in mindestens zwei Autos mit je vier Personen gefolgt, hatten mich beschattet, ebenso alle, die mich besuchten. Und obwohl ich bestimmt kein geschickter Verschwörer war, hatte ich trotzdem Hunderte verschiedenster Materialien in den Westen schaffen können, eigene und fremde Texte, immer ungehindert, immer verwundert, daß es so lief. Allein den Roman Wassilij Grossmans (über tausend Seiten) habe ich dreimal über die Grenze befördert. Warum sie nicht eine dieser Sendungen verhütet haben, übersteigt meine Vorstellung; trotz meiner geringen Meinung von ihnen hätte ich geglaubt, sie wären einer solchen Aufgabe gewachsen.

Diese Berichte davon, wie *sie* mit mir gekämpft hatten, ließen mich an jene alte Geschichte denken, die ein ähnliches Thema hat: Vor gut hundert Jahren verbrachte der Revolutionär und Narodnik Pjotr Alexejew nach zehn Jahren Zwangsarbeit seine Verbannungszeit in Jakutien. Als er einmal in der Taiga unterwegs von einem Dorf ins andere war, erschlugen ihn zwei Jakuten in räuberischer Absicht. Ein sinnloses Verbrechen: im Rucksack Alexejews fand sich nichts weiter als ein Brotkanten. Um aus der Tat wenigstens indirekten Nutzen zu ziehen, verfaßten die Mörder (die natürlich Dichter waren wie alle Jakuten) ein Lied darüber, wie sie im undurchdringlichen Wald auf einen bis an die Zähne bewaffneten russischen Recken trafen, einem fürchterlichen feuerspeienden Drachen gleich. Wie sie den ungleichen Kampf mit ihm aufnahmen und ihn zum Schluß überwältigten. In allen Dörfern, durch die sie kamen, trugen sie ihr Werk vor. In einem der Dörfer hörte der Kreispolizeichef das Lied und verhaftete die beiden Sänger auf der Stelle wegen Verdachts auf Mord. Den sie kurz darauf in Prosa gestanden.

Genausolche Aufschneider waren die Tschekisten immer, auch in meinem Fall.

Schließlich kam ich zur Hauptsache. Im Bericht über den Mai 1975 hieß es, man habe »Granin« zu Gesprächen einbestellt, in deren Verlauf er versprochen habe, sein Verhalten zu ändern, und sogar Maßnahmen ergriffen habe, eine seiner Veröffentlichungen auszusetzen. Was dann folgte, habe ich mir von Nagin wortwörtlich am Telefon diktieren lassen: »›Granin‹ hat aus krankhafter Ängstlichkeit auf Druck Sacharows gegenüber den westlichen Korrespondenten eine Erklärung abgegeben, in der er den Inhalt der mit ihm von den betreffenden Mitarbeitern geführten Gespräche entstellt wiedergab. Die Unterlagen sind der Führung des KGB und des Referats zur Kenntnis gebracht worden.«

184

Ich weiß nicht, ob meine Gesprächspartner spezielle Hoffnungen mit diesem Absatz verknüpft hatten, aber wenn, dann vergebens. Denn der Absatz als solcher besagt nichts. Erstens hatte Sacharow keinerlei Druck auf mich ausgeübt, im Gegenteil, ich hatte Druck ausgeübt, indem ich ihn und Jelena Bonner bat, in ihrer Wohnung eine Pressekonferenz einzuberufen. Und was meine krankhafte Ängstlichkeit betrifft, so hieß es hier lediglich, daß ich den Inhalt der mit mir geführten Gespräche entstellt hatte. Und wenn schon. Ich habe nicht mitstenographiert, alles nach dem Gedächtnis aufgeschrieben, war zugegebenermaßen nicht immer und nicht in allem ganz genau. Aber es geht schließlich nicht um die exakte Wiedergabe eines Gesprächs, sondern um ganz etwas anderes. Ich hatte diese Leute Verbrecher genannt, sie des Mordanschlags verdächtigt oder zumindest des Versuchs, mich zum Krüppel zu machen. Doch davon stand nirgends ein einziges Wort.

Als ich Krajuschkin meine Haltung zu diesem Text mitteilte, wurde er irgendwie nervös und versuchte sogar, mich ein bißchen unter Druck zu setzen.

»Sie können natürlich bei Ihrer Version bleiben, ich werde Sie garantiert nicht umzustimmen versuchen. Sie können drucken, was Ihnen paßt, aber auch wir hätten schließlich etwas drucken können.«

»Und was?«

»Zum Beispiel, daß Sie versprochen hatten, Ihr Verhalten zu ändern.«

»Ach das!« sagte ich. »Also erstens ist das eine Lüge. Ich hatte versprochen, mein Verhalten zu ändern, aber nur unter der Bedingung, daß die

Staatsmacht ihres ändert. Und außerdem, selbst wenn ich das versprochen hätte, wäre es kein Grund sich zu schämen. Der einzige Grund, sich zu schämen, wäre: das Versprechen zu halten.«

Dieses nervöse Getue sowie der Erpressungsversuch beweisen zumindest indirekt, daß das Interesse der heutigen Tschekisten, die alten Geheimnisse an den Tag zu bringen, nicht sonderlich groß ist.

Nach diesem kleinen Zusammenstoß verlor unser Streit jeden Sinn. Keinen einzigen glaubhaften Beweis, daß ich im Unrecht war, hatte man mir vorgelegt – wozu dann streiten?

In feindliche Positionen abgeglitten
Ich war schon im Weggehen, mit leeren Händen und nur ein paar vagen neuen Ideen, als Krajuschkin mich aufhielt.

»Etwas können wir Ihnen doch geben.«

Wieder schlug er den Aktendeckel auf und überreichte mir folgenden Brief:

Kopie:
Geheim
Ex. Nr. 2

5. April 1975
Nr. 784-A

An das ZK der KPdSU
Über die Absicht des Schriftstellers W. Woinowitsch, in Moskau eine Abteilung des Internationalen PEN-Clubs zu gründen

Im Verlauf der vom Staatssicherheitskomitee beim Ministerrat der UdSSR durchgeführten speziellen Maßnahmen fanden sich beweiskräftige Unterlagen darüber, daß die internationale Schriftstellerorganisation PEN-Club in den letzten Jahren systematisch die Taktik verfolgt, einzelne in der UdSSR lebende Literaten zu unterstützen, die auf antigesellschaftlicher Ebene auffällig geworden sind. So hat das französische PEN-Zentrum GALITSCH, MAXIMOW (noch vor ihrer Ausreise aus der UdSSR), KOPELEW, KORNILOW, WOINOWITSCH (aus dem Schriftstellerverband ausgeschlossen) und den literarischen Übersetzer KOSOWOJ als Mitglieder aufgenommen.

Wie sich aus den Unterlagen ergibt, hat der Schriftsteller WOINOWITSCH, Verfasser im Westen publizierter ideell herabsetzender literarischer Werke und politisch schädlicher »Aufrufe« verschiedener Art, Anfang Oktober 1974 mit Andrej Sacharow den Gedanken erörtert, in der UdSSR »eine Abteilung des PEN-Clubs« zu gründen. Er hat die Absicht, sich an den Internationalen PEN-Club mit der Frage zu wenden, wie eine »Abteilung« des PEN-Clubs in der UdSSR organisiert werden kann, die das Recht hat, vor Ort neue Mitglieder aufzunehmen. Als mögliche Beteiligte an dieser »Abteilung« wurden die Literaten TSCHUKOWSKAJA, KOPELEW und KORNILOW in Erwägung gezogen, desgleichen Personen, die verschiedentlich wegen antisowjetischer Tätigkeit verurteilt waren wie DANIEL, MARTSCHENKO, KUSNEZOW und MOROS. WOINOWITSCH ist auch der

Meinung, daß man »nicht unbedingt Dissidenten«, sondern auch »junge Autoren, die es verdienen«, aufnehmen sollte.

Auf diese Art und Weise will WOINOWITSCH *eine Konfrontation der »Abteilung des* PEN-*Clubs« mit dem Schriftstellerverband herbeiführen.*

Es ist bezeichnend, daß auf einem Plakat mit dem Titel »Schriftsteller im Gefängnis«, das vom amerikanischen PEN-*Club verschickt wurde, unter anderem auch der Name* WOINOWITSCH *aufgeführt ist, über den zum Zweck der Provokation mitgeteilt wird, er sei »in einer psychiatrischen Heilanstalt eingesperrt«, was nicht den Tatsachen entspricht.*

Zum gegenwärtigen Zeitpunkt hat WOINOWITSCH *aktive Verbindung mit dem Westen aufgenommen, er hat einen eigenen Anwalt, den* US-*Bürger* L.SCHROETER, *der früher wegen zionistischer Aktivität aus der* UdSSR *ausgewiesen wurde.* WOINOWITSCH *unterhält Kontakte zu einem gewissen* I.SZENFELD, *einem Funktionär des polnischen Emigrantenzentrums »Kultura«, und anderen antisowjetisch eingestellten Vertretern der Emigration* (STRUVE, MAXIMOW, NEKRASSOW, KORSHAWIN-MANDEL), *über die er seine Werke im Westen zu veröffentlichen sucht, ebenso trifft er sich ständig mit in Moskau akkreditierten bzw. vorübergehend eingereisten Ausländern.*

Der Pariser Verlag YMCA-*Press hat im Februar 1975 den »anekdotischen Roman«* WOINOWITSCHS *»Die denkwürdigen Abenteuer des*

Soldaten Iwan Tschonkin« in russischer Sprache herausgebracht, in dessen Inhaltsangabe mitgeteilt wird, dies sei »ein Roman über einfache
Menschen am Vorabend und in den ersten Tagen
des Zweiten Weltkriegs«, der Autor gebe »die
Tragödie des russischen Volks« wieder, »das von
seinem ›großen Vater‹ getäuscht und ins Unglück
gestürzt wurde«. Der Roman ist in schwedischer
Übersetzung erschienen und wird in der BRD
erscheinen.

Außerdem ist WOINOWITSCH Mitglied der
sogenannten »russischen Sektion« von Amnesty
International geworden, die in Moskau von TURT-
SCHIN und TWERDOCHLEBOW organisiert
wurde, beides aktive Teilnehmer an antigesellschaft-
lichen Aktionen.

Ende Januar 1975 äußerte WOINOWITSCH gegenüber einer Reihe westlicher Korrespondenten, er
habe keine Publikationsmöglichkeit in der UdSSR
und könne daher seine Familie nicht mehr von
seiner schriftstellerischen Arbeit unterhalten, er er-
laubte sich eine Reihe grober Ausfälle gegen den
Schriftstellerverband, sagte, was sich im schöpferischen Leben der UdSSR abspiele, habe seine »Kol-
lision mit der offiziellen Sowjetdoktrin der sozia-
listischen Realismus« bedingt. WOINOWITSCH
unterstrich, daß er die Vollmacht der Allunionsagentur für Autorenrechte nicht anerkenne und
seine Werke bewußt im Westen veröffentliche.

Im Hinblick darauf, daß WOINOWITSCH im
wesentlichen in feindliche Positionen abgeglitten ist, seine Werke nur zur Veröffentlichung im

Westen anfertigt, sie über illegale Kanäle weiterlei-
tet und sich diverse verleumderische Äußerun-
gen erlaubt, haben wir vor, WOINOWITSCH *ins*
KGB *beim Ministerrat der* UdSSR *vorzuladen*
und ein Gespräch verwarnenden Charakters mit
ihm zu führen. Die weiteren Maßnahmen bezüg-
lich WOINOWITSCHS *werden von seiner Re-*
aktion auf das Gespräch im KGB *abhängig ge-*
macht.

DER VORSITZENDE
DES STAATSSICHERHEITSKOMITEES
ANDROPOW

Bis heute weiß ich nicht, was sie sich dabei gedacht
haben, mir dieses Geschenk zu machen. Sollte es
das fällige kleine Almosen sein? Oder die letzte,
die endgültige Fassung: so, jetzt siehst du, wer in
Wirklichkeit für deinen Fall zuständig war – und
nun hör endlich mit deinen Fragen auf. Jedenfalls
ist dieser Brief eine würdige Zierde unserer operativen Datensammlung.

Erstens hat er mir meine fruchtlosen Bemühungen um die Gründung eines PEN-Clubs in Erinne-
rung gerufen, die übrigens nicht über das Ge-
sprächsstadium hinausgekommen waren. Ich hatte
nicht nur mit Sacharow, sondern auch mit Heinrich
Böll darüber geredet, aber wir waren zu dem
Schluß gelangt, daß das Vorhaben unrealistisch
war.

Zweitens erhellt dieser Brief, in welchem Maße
sämtliche sowjetischen Instanzen, von der Spitze
bis zur Basis, damit beschäftigt waren, nicht nur

den Gegner, sondern auch einander zu desinformieren. An die angeblich unvoreingenommene »objektive« Information des Zentralkomitees durch das KGB habe ich nie geglaubt. Ich habe immer gewußt, daß es zum Erscheinungsbild des Sowjetsystems gehörte, daß die Unteren die Oberen anlogen, die Oberen die Unteren und auch von ihnen Lügen erwarteten. Der Brief Andropows mit seinen Verdrehungen und Übertreibungen zeigt das nur zu deutlich.

Den polnischen Literaten Ignacy Szenfeld (der siebzehn Jahre in sowjetischen Lagern gesessen hatte) kannte ich wirklich. Vor 1968 hatten wir uns ein paarmal gesehen, wenn er aus Polen nach Moskau kam, aber danach war er in den Westen emigriert, und ich hatte lange nichts von ihm gehört. 1974 allerdings rief er mich ein einziges Mal an, aus Deutschland, nur um mir dringend zu raten, den »Tschonkin« nicht bei Luchterhand, sondern bei Scherz zu veröffentlichen, weil der mehr zahle. Und bei Andropow wurden daraus widersetzliche Kontakte zum polnischen Emigrantenzentrum.

Aber werfen wir noch einmal einen Blick auf den Schluß des Briefes.

»Im Hinblick darauf, daß WOINOWITSCH … abgeglitten ist, … haben wir vor, WOINOWITSCH ins KGB beim Ministerrat der UdSSR vorzuladen und ein Gespräch verwarnenden Charakters mit ihm zu führen.« Wäre es nur um ein Gespräch – auch eines mit Drohungen – gegangen, hätte der KGB-Vorsitzende, gleichzeitig Politbüromitglied, niemandem davon Notiz geben müssen. Entscheidend ist der Schlußsatz: »Die weiteren Maßnahmen bezüglich WOINOWITSCHS werden von seiner Reaktion auf das Gespräch im KGB abhängig gemacht.«

Deutlicher geht es kaum.

Der KGB-Chef Andropow informiert das ZK, daß gegen mich Maßnahmen ergriffen werden. Damit es später keine unnütze Verlegenheit gibt. Über meine Vorladung in das KGB konnte Andropow allein befinden. Aber terroristische Mittel gegen mich anzuwenden, hätte er nie allein beschlossen. Davon mußte man die Vorgesetzten informieren und ihnen einen Teil der Verantwortung zuschieben.

Was ich in den Händen hielt, war eine Kopie des Exemplars Nr. 2.

Ich nehme an, für Andropow war die Nummer zwei Michail Andrejewitsch Suslow. Und das erste Exemplar war sicher an den Mann Nummer eins gegangen, das heißt an unseren teuren Genossen Leonid Iljitsch Breschnew.

Andrer Leute Kinder wachsen schnell

Nachdem ich für mich zu gewissen Schlußfolgerungen gekommen war, rief ich einen Freund von mir an, einen bekannten Juristen, der von meinen Nachforschungen wußte. Ich fragte ihn, ob man Andropows Brief nicht als indirekten Beweis dafür ansehen könne, daß ich recht hatte und daß Andropow irgendwelche ungewöhnlichen Maßnahmen gegen mich plante. Mein Freund sagte, der

Brief sei interessant, gebe zu bestimmten Vermutungen Anlaß, aber ein Beweis sei er nicht. Die Vorabinformation des ZK beweise lediglich, daß meine Vorladung als wichtig eingestuft war, wenn auch vielleicht nur deshalb, weil ich »mittlerweile nicht mehr unbekannt« war, wie die Deutsche Welle es formulierte. Selbst eine Routinevorladung ins KGB konnte in meinem Fall im Westen Aufsehen erregen, und Andropow hielt es für nötig, das ZK vorzuwarnen.

»Wie du meinst«, sagte ich. »Aber Andropow schreibt doch, daß die weiteren Maßnahmen in bezug auf mich von meiner Reaktion auf die Vorladung ins KGB abhängig gemacht werden sollen. Hat er das deiner Ansicht nach einfach so geschrieben, oder wollte er tatsächlich Maßnahmen ergreifen, und wenn ja, welche?«

»Sie haben dich schließlich aus der UdSSR vertrieben. Sind das keine Maßnahmen?«

»Du meinst, sie hätten mich gleich vertrieben?«

»Etwa nicht?«

Andrer Leute Kinder wachsen schnell. Wie oft habe ich über mich in der Zeitung gelesen, ich hätte wütend die Tür zugeschlagen, wäre unverzüglich in den Westen abgedampft und hielte seither allen vor, meinem Beispiel nicht gefolgt zu sein. Und dabei hatten sie mich nach der Vergiftung noch fünfeinhalb Jahre auf alle mögliche Art gepiesackt, wobei das harmloseste noch die regelmäßigen Besuche unseres dämlichen Revierbeamten waren, der nachfragte, warum ich nirgends arbeitete, das heißt mir eine Anklage wegen Arbeitsscheu androhte. Fast fünf Jahre lang war mein Telefon gesperrt, wurden mir die Reifen zerstochen, wurde ich von Pseudorowdies überfallen und dergleichen mehr. 1977 schlossen sich in den Bakurianibergen meinem Freund Walja Petruchin und mir vier Männer an, die sich für Griechen aus der Gegend ausgaben. Die Bekanntschaft begann in einer Kneipe, Wein wurde spendiert, und auf die teuren Gäste wurden Trinksprüche ausgebracht. Nach zwei Tagen fingen die »Griechen« einen Streit an über die weltanschauliche Schädlichkeit von Solschenizyns Werk (es erwies sich, daß sie in ihren Felsennestern Solschenizyns Werk äußerst aufmerksam studierten). Nach drei Tagen kam es am Abend aus ideologischem Anlaß zu einer Prügelei, die für mich mit einem gebrochenen Bein endete, aber auch die »Griechen« mußten einen der Ihren stützen, weil er nicht allein gehen konnte. Ich habe mich nie im Leben gern geprügelt, ich konnte es nicht und wollte es nie. Doch diese Prügelei ereignete sich nach meiner Vergiftung, nach dem Mord an Bogatyrjow, nach noch einigen Dingen mehr, die mich ergrimmt hatten. Ich wußte, daß ich keine normalen Schlägertypen vor mir hatte, sondern echte Kriminelle, die nicht davor zurückschreckten, Petruchin und mich zu Krüppeln zu machen oder sogar zu erschlagen. Und daß es für sie ein unverdientes Geschenk gewesen wäre, wenn wir uns nicht gewehrt hätten (womit sie offenbar fest gerechnet hatten). Die Prügelei spitzte sich zu, wurde gefährlich, und die Angreifer besannen sich rasch, daß ihr Auftrag zwar ein staat-

194

licher, die Köpfe aber doch ihre eigenen waren. Und zogen unter Flüchen in der Dunkelheit ab – zu dritt, den vierten stützend. Danach rührten sie mich physisch nicht mehr an, aber es wurden Leute überfallen, die mich besucht hatten, und auch solche, die mich nicht besucht hatten, wie die italienische Slawistin Serena Vitali. Als sie sich nach einem Besuch bei meinem Nachbarn Viktor Schklowskij in den Trolleybus setzte, schlug man ihr mit einem in Zeitung gewickelten schweren Gegenstand über den Kopf, und sie hörte: »Wenn du noch mal zu Woinowitsch gehst, bringen wir dich richtig um.« Damit der Leser sich meine damaligen Lebensbedingungen mehr oder minder vorstellen kann, füge ich noch ein Dokument aus meiner brieflichen Hinterlassenschaft ein:

An den Innenminister der UdSSR
N. A. Schtschelokow
EINGABE
Am 14. Februar dieses Jahres erschien bei meinen Eltern in Ordshonikidse, Gebiet Dnjepropetrowsk, ein Milizionär und forderte meinen Vater auf, unverzüglich mit ihm auf die Miliz zu kommen. Während mein Vater sich fertigmachte, musterte der Milizionär die gesamte Wohnung, warf einen Blick in das Zimmer, in dem meine Mutter nach ihrem jüngsten Herzanfall lag, und fragte: »Wer liegt da? Ihr Sohn?«
Dann wurde mein Vater, ein alter Mann mit Schmerzen in den Beinen, zu Fuß zur örtlichen Milizabteilung gebracht, wo der Chef und ein Auswärtiger

in Uniform ihm eröffneten, ich sei seit dem 3. Februar vermißt und vermutlich nicht mehr am Leben.

Zwei Wochen nach dieser Nachricht starb meine Mutter.

Jetzt habe ich erfahren, daß die Mitarbeiter der Miliz die Nachricht von meinem Ableben zur selben Zeit auch unter meinen anderen Verwandten verbreitet haben, die in verschiedenen Städten der Sowjetunion leben.

Dabei gab es für die Mitarbeiter der Miliz keinerlei Grund zur Sorge um mein Leben, schon deshalb nicht, weil am 4. und am 5. Februar der Reviermilizionär bei mir war und sich erkundigte, wovon ich lebe. Daß ich mich in Moskau in meiner eigenen Wohnung aufhielt, war dem Leiter der 12. Milizabteilung wohlbekannt, ebenso den Spitzeln, die sich rund um die Uhr in meinem Hauseingang herumtreiben.

Ich wüßte gern, wozu diese widerliche überregionale Provokation veranstaltet wurde und wer der Unmensch war, der sie sich ausgedacht hat. Ich verlange, diesen Kriminellen zur Verantwortung zu ziehen und ihn, sollte er Paranoiker sein, als sozial gefährlich in eine Heilanstalt einzuweisen.

Sollte ich von Ihnen keine überzeugende Antwort innerhalb der gesetzlichen Frist erhalten, gehe ich davon aus, daß Sie die Verantwortung für diese Provokation tragen.

17. März 1978   W. N. Woinowitsch

Natürlich erhielt ich nie eine Antwort. Aber es wurde mir immer wieder deutlich gemacht, ich

196

solle abhauen. Ein solcher Hinweis war auch die vom KGB organisierte Einladung für mich und meine nächsten Verwandten nach Israel, die ich zerriß und in den Müll warf, wobei ich dafür sorgte, daß *sie* es bemerkten.

Zu jener Zeit suchte eine jüdische Aktivistin mich auf und wollte von mir einen Artikel für die Samisdatzeitschrift »Die Juden in der UdSSR« haben. Nebenbei erzählte sie, daß man sie ins KGB vorgeladen und ihr gedroht habe, sie einzusperren, wenn sie ihre Aktivitäten nicht einstelle. Ich sagte ihr, daß es mir momentan nicht passe, einen Artikel zu schreiben …

»… aber vielleicht in zwei, drei Monaten, wenn sie bis dahin nicht Sie oder mich oder uns beide eingesperrt haben.«

»Sie? Wofür denn?« Sie warf mir einen gekränkten Blick zu, weil ich mich mit ihr auf eine Stufe stellte.

»Und wofür Sie?« fragte ich.

»Mich«, sagte sie, sehr von sich eingenommen, »dafür, daß ich ausreisen will.«

»Und mich dafür, daß ich bleiben will.«

Aber es wird Zeit, auf meinen Freund, den Juristen, zurückzukommen, der sich – obwohl Zeuge meiner damaligen Lebensumstände – wunderte, daß ich nach der Vergiftung nicht gleich ausgereist war, aber dennoch darauf beharrte, daß Andropows Brief nichts bewies.

»Doch die Materialien, die du gesammelt hast«, sagte mein Freund, »ergeben einen anderen, ernsthafteren Beweis. Stellen wir uns vor, sie hätten dich wirklich bloß vorgeladen, mit dir geredet, dir Angst eingejagt und dich gehen lassen. Aber du machst auf einmal einen derartigen Skandal. Pressekonferenz bei Sacharow, offener Brief an Andropow, Auftritt in der Deutschen Welle, Veröffentlichung im ›Kontinent‹. Und da kann ich nun einfach nicht glauben, eine so gravierende Beschuldigung hätte weder das KGB noch das ZK beunruhigt. Und ich kann mir nicht vorstellen, daß nicht aus dem ZK eine Anfrage an Andropow gekommen wäre und daß Andropow nicht diese Leute zu sich bestellt und von ihnen einen schriftlichen Rechenschaftsbericht verlangt hätte über das, was sie mit dir angestellt haben. Wäre deine Vergiftung ein Hirngespinst, hätten diese Leute wahrscheinlich vorgetragen, daß mit dir ein Gespräch verwarnenden Charakters geführt worden sei, man aber keine speziellen Mittel zu deiner Beeinflussung angewandt habe. Ein solcher Rechenschaftsbericht konnte nur in dem Fall nicht verlangt werden, wenn Andropow wußte, daß das, was du schriebst, die Wahrheit war.«

Einen Bären aufbinden

Nachdem ich alle erhaltenen Informationen verdaut hatte, rief ich Serjoga an und fragte ihn, wie ich Frolow noch einmal sehen könnte.

»Wladimir Nikolajewitsch«, reagierte Serjoga erstaunt, »ist Ihnen denn nicht klar, daß Wassilij Alexejewitsch Sie nicht sehen will?«

»Nein. Und warum nicht?«

»Er ist der Ansicht, man habe Ihnen alle Beweise vorgelegt, und darüber wird dem Präsidenten Bericht erstattet werden. Der Präsident hat Anweisung gegeben, und wir müssen Rechenschaft ablegen.«

»Gut. Ich meinerseits werde dem Präsidenten auch einen Bericht schicken und möchte im Zusammenhang damit fragen: mir sind Beweise wofür vorgelegt worden? Für meine krankhafte Ängstlichkeit?«

»Im großen und ganzen, ja.«

»Soll ich Ihnen darin zustimmen?«

»Das wäre vernünftig.«

Mit ihm zu streiten war sinnlos, aber er war der Zwischenträger, und als solcher hörte er mir aufmerksam zu, begriff meine Argumente, wie ich merkte, und gab sie hoffentlich unverzerrt weiter.

»Sergej Sergejewitsch«, beschwor ich seinen gesunden Menschenverstand, »Sie sind doch ein kluger Mensch, der sich seine Gedanken macht. Stellen wir uns vor, ich glaubte Ihnen und würde in dem Bericht über meine Ermittlungen alle die mir gegenüber vorgebrachten Argumente darlegen und schreiben, daß diese Argumente mich davon überzeugen, daß im Jahre 75 mich niemand vergiftet hat und daß die ganze Geschichte die Ausgeburt meiner krankhaften Ängstlichkeit ist. Hört sich das wie die Wahrheit an?«

»Ich würde meinen, ja«, sagte Nagin.

»Und Sie meinen, die Leser würden mir glauben?«

»Natürlich!« kam es freudig und hoffnungsvoll.

»Nein«, sagte ich, »das kann ich mir nicht denken. Die Leser sind nicht dumm. Ich will mich mit Ihnen nicht mehr streiten und bitte Sie, Frolow folgendes zu übermitteln: Die Tatsache, daß meine Akten verbrannt wurden, nehme ich unter Zweifeln hin. Die Behauptung, man habe sie verbrannt, weil sie keinen Wert mehr hätten, ist schlicht gelogen. Daß die zweite Akte am 20. August 1991 wahrscheinlich in Eile verbrannt wurde, spricht dafür, daß sie hochsensible Informationen enthielt, das KGB hat in Eile die Spuren seiner Verbrechen verwischt. Aber wohl nicht ganz. Daß von der am 11. Mai 1975 durchgeführten Operation keinerlei Spuren mehr vorhanden sind, glaube ich nicht. Das ist ausgeschlossen. Wenn niemand mich vergiftet hätte, hätte man die Beweise dafür im Gegenteil sehr sorgfältig aufgehoben. Wenn mich niemand vergiftet hat, dann muß es eine Anfrage zu diesem Thema gegeben haben und eine Antwort. Ich habe einen solchen Krach geschlagen – und es sollte niemand sich dafür interessiert haben, was dieser Woinowitsch da faselt und was in Wirklichkeit gewesen ist? Es soll keine Anfrage gegeben haben, weder vom ZK an das KGB noch innerhalb des KGB von der Chefetage an die unteren Ränge, keine Anfrage und keine Antwort?«

»Nein«, blieb Serjoga bei seiner Version. »Na ja, vielleicht hat der Referatsleiter seine Kumpel angerufen: was ist denn da bei euch passiert, sie haben es ihm am Telefon erklärt, und das war's dann. Das muß man doch nicht extra untersuchen!«

»Sergej Sergejewitsch, warum kann man diese ›Kumpel‹ nicht jetzt einfach herbestellen und sie fragen, was sie mit mir gemacht haben?«

Er seufzt.

»Aber Wladimir Nikolajewitsch, wir können sie nicht herbestellen. Ich habe Ihnen doch gesagt, der eine lebt in Kasachstan, in einem anderen Land also, und der andere …«

»Was ist mit dem anderen?«

»Der wird sowieso nichts sagen.«

Nun seufze ich.

»Sergej Sergejewitsch, gibt es wirklich Leute, die Sie nicht zum Sprechen bringen können? Was ist er denn, ein unbeugsamer Dissident? Ein Mucius Scaevola? Eine Soja Kosmodemjanskaja? Vernehmen Sie ihn, wie es sich gehört, ich versichere Ihnen, er wird alles sagen.«

Gegen Ende unseres langen Gesprächs fragte ich: »Sergej Sergejewitsch, wieso sind Sie persönlich so sicher, daß mich niemand vergiftet hat? Meinen Sie, daß Ihre Organisation grundsätzlich zu solchen Dingen außerstande ist?«

»Diese Frage werde ich nicht beantworten. Aber, unter uns, ich würde es ja noch glauben, wenn man in der Zeit der operativen Bearbeitung etwas mit Ihnen gemacht hätte. Aber damals lief keine operative Bearbeitung, sondern nur die operative Datensammlung, und während der Zeit … nein, ganz unmöglich.«

»Sagen Sie, in welchem Stadium war denn der Fall Bogatyrjow, als man ihn zusammenschlug? War das schon Bearbeitung oder noch Daten-

201

sammlung? Oder meinen Sie, daß es nicht Ihre Leute waren?«

»Ich weiß nicht.«

»Natürlich wissen Sie es nicht. Aber hätten sie ihn zusammenschlagen können, oder ist das auch nur wieder Ausgeburt meiner Phantasie?«

Hier muß nun von diesem Mord erzählt werden, der damals viele aufgewühlt hat, aber fast keinen Widerhall fand und auch heute nur selten erwähnt wird.

Die Ermordung Bogatyrjows

Am 26. April 1976, dem zweiten Ostertag, ging Konstantin Petrowitsch Bogatyrjow etwa um sieben Uhr abends aus dem Haus, um vor Ladenschluß noch Wein zu kaufen, weil er Gäste erwartete. Seine Mutter, Tamara Juljewna, die zu der Zeit um die Neunzig war, blieb zu Hause zurück. Nach einiger Zeit hörte sie einen grauenvollen Schrei, sah auf den Treppenabsatz hinaus und erblickte ein Wesen, das blutüberströmt und unter markerschütternden Schreien vom offenen Lift auf sie zukroch. Tamara Juljewna wich erschrocken zurück und wollte die Tür zuschlagen, doch das Wesen umklammerte ihre Beine, schleppte sich, in einer Blutlache schwimmend, mit ihr in die Wohnung, und erst da begriff die alte Frau, daß das Wesen ein Mensch war und nicht nur das – ihr Sohn Kostja.

Die Ambulanz brachte Kostja auf die Notfallstation. Dort stellte man fest, daß man ihm den

Schädel mit einem in Stoff gewickelten stumpfen Gegenstand (einer Flasche möglicherweise) zerschmettert hatte.

Seither sind viele Jahre vergangen, ich habe damals nicht die Ereignisse im einzelnen aufgeschrieben und fürchte, daß auch niemand anderes es getan hat, aber ich will versuchen, das, woran ich mich wenn auch lückenhaft erinnere, wiederzugeben.

Der Überfall auf Bogatyrjow versetzte den »ganzen Aeroport« in Aufruhr, das heißt, die Schriftsteller, die bei der gleichnamigen Metrostation wohnten. Nicht, daß ihnen Kostja Bogatyrjows Leben so teuer war, aber der Überfall auf ihn ließ auch die eigene Existenz nicht mehr so ungefährdet aussehen wie bisher. Die Breschnewzeit unterschied sich von der Stalinzeit dadurch, daß der Kampf sich in einem bestimmten Rahmen abspielte: Es wurde nicht mehr ohne Verfahren zugegriffen, verurteilt und eingesperrt, und es traf auch nur diejenigen, die die grundlegende Verhaltensregel nicht beachteten: halt still und sag keinen Mucks. Die Schriftsteller hatten diese Regel stark verinnerlicht, hielten still und redeten sich ein, das Stillhalten komme daher, daß sie in einer Welt höherer Ideen und komplizierter Gedankengänge wohnten. Und wenn in erdennäheren Sphären jemand eingesperrt oder hingerichtet wurde, dann hatten diese Leute es offenbar darauf angelegt, aus irgendwelchen masochistischen Motiven oder aus Eitelkeit zu denjenigen zu zählen, die man einsperrte oder hinrichtete. Und plötzlich wurde ihnen allen vor Augen geführt, daß nicht nur Kostja Bogatyrjow, sondern jeder von ihnen mit Hilfe einer eingewickelten Flasche oder eines anderen beleidigend primitiven Mittels aus der Welt künstlerischer Inspiration hinausbefördert werden konnte. Die Schriftsteller waren aufgescheucht, tuschelten besorgt und auch empört, die Staatsmacht habe den selber gesetzten Rahmen überschritten und die ungeschriebene Abmachung gebrochen. Schon am nächsten Tag rissen einige sich von ihren Schreibtischen los, legten die rote Armbinde der Druschinniks, der Bürgermiliz, an und gingen in Dreier- und Vierergruppen die Hauseingänge und andere Orte ab, wo es zu Gewalt kommen konnte. Natürlich waren nicht alle überzeugt, daß der Überfall auf Bogatyrjow ein Werk des KGB war, es gab auch Vermutungen, er sei beim Anstehen für den Wein mit Säufern in Streit geraten oder von wenig wählerischen Räubern zusammengeschlagen worden. Aber diese irrige Meinung wurde allen sehr schnell ausgetrieben. Man hatte den Kritiker Wladimir Ognjow als Abgesandten zu Viktor Nikolajewitsch Iljin geschickt. Iljin hatte, nach seinem Auftreten und seinen eigenen Andeutungen zu urteilen, die Verbindungen zu seiner früheren Behörde nie abgebrochen, daher wandten die Leute sich in einigen Fällen an ihn nicht nur als Sekretär des Schriftstellerverbands, sondern auch als Vertreter der Organe. Und er antwortete ihnen im Namen der Organe. Das Gespräch zwischen Ognjow und Iljin muß nach dem, was ich gehört habe, etwa so abgelaufen sein:

»Wer hatte ein Interesse daran, diesen stillen, kränklichen, intelligenten und harmlosen Menschen umzubringen, und warum?« fragte Ognjow.

»Intelligent und harmlos?« kreischte Iljin los. »Wissen Sie nicht, daß dieser intelligente und harmlose Mensch ständig mit Ausländern verkehrt? Immer sind welche bei ihm, nie hält er sie sich vom Leib!«

Selbst zu Zeiten, als bei vielen Leuten das Gehirn stark in Mitleidenschaft gezogen war, begriff die Mehrzahl, daß man einen Menschen wegen des Verkehrs mit Ausländern zwar bestrafen konnte, aber ihn umbringen – das war denn doch zuviel, und die Todesstrafe für dieses Delikt konnte wohl kaum von einem gewöhnlichen Kriminellen festgesetzt worden sein.

Diese seltsame Äußerung Iljins bestärkte viele in ihrem Verdacht, daß es ein politischer Mord war, verübt höchstwahrscheinlich vom KGB, dessen Mitarbeiter auch in der Folgezeit nicht nur nicht versuchten, ihre Beteiligung abzustreiten, im Gegenteil. So wie mir der KGBler im Metropol zugezwinkert hatte: wir, wir, wir sind es gewesen, die Popkow umgebracht haben, so lenkten sie auch hier hartnäckig, grob und unübersehbar den Verdacht auf sich.

Es wurde erzählt, ein KGBler sei zu der behandelnden Ärztin ins Krankenhaus gekommen, habe sein rotes Büchlein aufgeklappt und gefragt, wie es dem Patienten gehe, ob er Chancen habe zu überleben und wenn, welche bleibenden Schäden er davontragen werde.

»Na gut, wenn er schwachsinnig bleibt, kann er weiterleben.« Und damit verließ er den Schwerverletzten.

Jelena Suriz, Kostjas Frau, ging in den Schriftstellerverband, auch zu Iljin, er redete grob und gereizt auf sie ein, weigerte sich, sich mit dem Fall zu befassen, und auch das bestärkte die Menschen in ihren Vermutungen.

Die Untersuchung wurde mit demonstrativer Nachlässigkeit geführt, im Grunde war es die reinste Farce. Unser idiotischer Reviermilizionär Iwan Sergejewitsch Strelnikow machte bei einigen Bekannten Bogatyrjows die Runde und stellte ihnen ein paar dumme Fragen. Nicht ein einziger ernstzunehmender Untersuchungsbeamter und erst recht kein Untersuchungsrichter für besonders schwere Fälle ließ sich blicken, und dabei hätten sie wirklich hierhergehört. Ich war mit Bogatyrjow ziemlich eng befreundet, aber bei mir hat sich keiner ein einziges Mal erkundigt. Zwar stand ich damals schon außerhalb des Gesetzes, und die Staatsmacht ignorierte mich, doch angesichts eines so aus der Reihe fallenden Ereignisses hätte sie sich eigentlich zeigen müssen. Ich hätte zwar kaum irgendwelche nützlichen Hinweise geben können, aber bei Mord, wenn er so wenig geklärt ist und die Mörder nicht entdeckt, hat der Untersuchungsbeamte nicht das Recht, auch nur die geringste Kleinigkeit außer acht zu lassen. Nur allzu offensichtlich ging es nicht um Wahrheitsfindung, sondern um etwas anderes.

Die KGB-Leute wiesen nicht nur eifrig auf ihre

Beteiligung hin, sondern schienen auch übelzunehmen, wenn jemand den Verdacht in andere Richtung zu lenken versuchte.

Lew Kopelew beispielsweise war überzeugt – und äußerte diese Überzeugung auch lautstark –, daß Bogatyrjows Ermordung eine gewöhnliche Ganovengeschichte war. Daraufhin wurde ihm, er wohnte im Parterre des Nachbarhauses von Bogatyrjow, an einem der nächsten Abende das Fenster mit einem Ziegelstein eingeworfen, damit er aufhörte, Blödsinn zu reden, und die Leute nicht auf die falsche Spur setzte.

Kostja hatte wirklich sehr viel Umgang mit Ausländern gehabt, ich hatte bei ihm Amerikaner und Engländer kennengelernt, aber im wesentlichen waren seine Freunde Deutsche. Mit Deutschen verkehrte er, weil er Übersetzer aus dem Deutschen war, weil er die deutsche Sprache, die deutsche Literatur und die Deutschen selbst sehr liebte und weil die Deutschen ihm von Zeit zu Zeit teure Bücher schenkten – seine Beziehung zu Büchern grenzte an leisen Irrsinn. Fremde Bücher nahm er gern, aber seine gab er niemandem in die Hand, nicht nur nicht für immer oder auf Zeit, nein, man durfte sie nicht einmal anfassen. Schon gar nicht die teuren ihm aus dem Ausland geschickten oder mitgebrachten. Er prahlte leicht mit diesen Büchern und zeigte sie gern her, ließ sie aber dabei nicht los. Bevor er zu einem Buch griff, wusch er sich oft die Hände wie ein Chirurg vor einer Operation. Seine deutschen Freunde bat er ab und zu, Briefe weiterzuleiten, meistens seine, gelegentlich fremde. Seine eigenen Briefe waren vermutlich vollkommen harmlos, aber auch die anderen dürften die Sicherheit des Sowjetstaates kaum beeinträchtigt haben. Ich selbst habe mich auch zwei-, dreimal der Vermittlung Kostjas bedient, um Briefe zu versenden.

Formal gesehen war er kein Dissident. Er hatte früher einige Protestschreiben mitunterzeichnet, zuletzt das gegen meinen Ausschluß. Aber damit ließ er es genug sein. Und wenn ich in seiner Anwesenheit etwas Derartiges unterschreiben mußte, kam er beunruhigt ganz nah zu mir her und sagte: »Weißt du, ich kann das nicht unterschreiben, sei mir nicht böse«, aber ich dachte gar nicht daran, ihm böse zu sein. Mir hingen diese Briefe auch zum Hals raus, aber meistens unterschrieb ich sie, weil ich mich schämte, mich zu weigern, und auch weil ich schon nichts mehr zu verlieren hatte.

Wenn sie im KGB eine Wut auf ihn hatten, dann möglicherweise deshalb, weil sein Verhalten aus ihrer Perspektive ungehörig, weil zu unabhängig, war. Er fragte die Obrigkeit nicht und suchte auch nicht ihre Meinung zu ergründen, wenn es darum ging, mit wem er verkehren durfte, mit wem nicht, mit wem und worüber er sprechen durfte. Darum hatte er eine Menge Freunde unter den Ausländern und unseren in Ungnade gefallenen Landsleuten wie Andrej Sacharow, bei dem er häufig war.

Das Opfer war gut gewählt.

Kostja war mit vielen bekannt und gleichzeitig relativ unbekannt. Es war klar, daß die Nachricht von seiner Ermordung weite Kreise ziehen und dennoch wenig Staub aufwirbeln würde. Außerdem würde seine Ermordung den unsicheren Kantonisten zeigen, was ihnen widerfahren würde, wenn sie sich so aufführten wie er.

Bogatyrjow starb am 18. Juni. Während der ganzen Zeit auf der Intensivstation erlangte er kaum einmal das Bewußtsein, und wenn, konnte er sich zu dem Vorgefallenen nicht zusammenhängend äußern. Nur einmal flüsterte er seiner Frau so etwas zu wie: »Du kannst dir nicht vorstellen, was für schreckliche Sachen sie zu mir gesagt haben.« Wobei das, was sie getan hatten, das weitaus Schrecklichere war.

Er wurde auf dem Friedhof in Peredelkino beerdigt, unweit von Pasternak. Das Totenamt fand in der dortigen Kirche statt. Der Geistliche, der offenbar die Gelegenheit wahrnehmen wollte, die versammelten Gottlosen zur Religion zu bekehren, sprach über dem Sarg davon, daß Religion und Wissenschaft einander nicht im geringsten widersprächen, die Existenz Gottes und des Lebens im Jenseits seien durch neuzeitliche Entdeckungen bestätigt, vor allem aber durch die Relativitätstheorie Einsteins.

Er redete lange. Ich ging schon vor Ende der Predigt hinaus. Bei der Kirche stand eine große Anzahl ausländischer Wagen, unter den sowjetischen waren die Wolgas und Shigulis der zahlreich erschienenen KGBler. Sie selbst mischten sich unter das Volk und versteckten sich wie gewohnt im Gebüsch (ein mir schon vertrauter Anblick), wie die leibhaftigen Teufel.

Unter den Leuten, die in und vor der Kirche

209

standen, sah man viele bekannte Gesichter. Hermann Poerzgen, Korrespondent der FAZ, kam mit einem Notizblock auf mich zu und fing an, mich auszufragen: »Neben Sacharow ist wer? Bonner? Und die Achmadulina ist mit wem gekommen? Mit Messerer? Was ist er, Maler? Und die Tschukowskaja ist auch da? Und Jewtuschenko, ist der nicht hier?«

Auf einer Bank bei der Kirchentür saß Alexander Meshirow. Ich fragte ihn, warum Jewtuschenko nicht zu sehen sei.

»Ma-machen Sie sich ka-keine Sorgen. Sobald das Fernsehen ko-kommt, ist er da.«

Die Genauigkeit der Prognose verblüffte mich. Als sich der Trauerzug aus der Kirche in Bewegung setzte, erschien eine Gruppe von Fernsehleuten, und ich sah mich, der Worte Meshirows eingedenk, nach Jewtuschenko um. Ich mußte nicht weit suchen: er war einer der vordersten Sargträger und wurde sicherlich auf irgendwelchen Bildschirmen in Großaufnahme als Hauptfigur dieses Ereignisses gezeigt.

Der Sarg mußte einen sich schlängelnden schmalen, schlüpfrigen Weg entlang getragen werden, die KGB-Typen brachen raschelnd durchs Gebüsch, und angeleitet von einem hinkenden Anführer mit Goldgebiß (was ihm noch mehr Ähnlichkeit mit einem Teufel verlieh), machten sie eine Blitzlichtaufnahme nach der anderen und nahmen das ganze mit einer Filmkamera auf, die sie den für sie interessanten Leuten oft ganz dicht vor die Nase hielten.

Die große Zahl der Trauergäste und die Anwe-

senheit der KGB-Leute ließen eine nervös ge-
spannte Atmosphäre aufkommen, man hatte das
Gefühl, gleich werde etwas höchst Unpassendes
oder auch Schreckliches passieren.

Die Reden begannen. Ich weiß nicht mehr, wer
was gesagt hat. Ich hatte bis dahin noch bei keiner
Beerdigung gesprochen und hatte es auch diesmal nicht vorgehabt. Doch die Anwesenheit der
KGBler und ihre Aufdringlichkeit trieben mich
dazu. Ich trat ans Grab.

»Vor langer Zeit wurde Konstantin Bogatyrjow
zum Tode verurteilt wegen eines Attentats auf
Stalin, das er nicht begangen hatte. Dann wurde er
begnadigt, und seine Todesstrafe wurde in fünfundzwanzig Jahre Lagerhaft umgewandelt. Bogatyrjow hat diese Zeit nicht voll absitzen müssen,
weil er nach Stalins Tod freigelassen und rehabili-
tiert wurde. Er aber traute seinem Schicksal nicht
und rechnete ständig damit – ein unter früheren
Lagerhäftlingen verbreitetes Syndrom –, aus hei-
terem Himmel verhaftet und zur Verbüßung seiner
Reststrafe ins Lager geschickt zu werden. Erst
kürzlich hatten wir, seine Freunde, bei ihm zu
Hause des Ablaufs dieser Strafe gedacht. Wir wußten noch nicht, daß jenes erste Todesurteil wieder
eingesetzt und so schnell ausgeführt werden
würde. Es wurde ein Verbrechen begangen. An
ihm beteiligt sind der Richter, der jenes Urteil gefällt hat, und die Henkersknechte, die es fünfundzwanzig Jahre später ausgeführt haben. Ich glaube,
daß die Mörder hier unter uns sind. Ich möchte ihnen sagen, daß sie, indem sie einen völlig unschul-

digen reinen Menschen erschlagen haben, vor allem sich selbst zum höchsten Strafmaß verurteilt haben: Sie haben alles Menschliche in sich gemordet und aufgehört Menschen zu sein.«

Ich schloß meine Rede mit den bei solchen Anlässen üblichen Worten, daß Bogatyrjow in unserem Gedächtnis und in seinen Versen weiterleben werde.

Wonach mir ein Lyriker sagte, daß ich mir das mit den Versen hätte verkneifen sollen, Bogatyrjows Gedichte seien schwach.

Und ein Kritiker sagte, daß diese Rede mich selber den Kopf kosten könne.

Und Jewgenij Jewtuschenko ließ sich wieder die Gelegenheit nicht entgehen, mir am Zeug zu flicken. Er sagte zu Wladimir Kornilow, Bogatyrjow sei ein bescheidener anständiger Mensch gewesen, aber Woinowitsch habe aus seiner Beerdigung ein politisches Meeting gemacht.

Als letzter sprach, wenn ich nicht irre, der Lyriker Viktor Urin. Er las zunächst seine Verse vor und warf, als der Sarg hinabgelassen wurde, das Blatt mit den Versen ins Grab.

Heute wundert es mich weniger, aber damals konnte ich nicht begreifen, warum die Ermordung Bogatyrjows im Westen ein so schwaches Echo fand.

Ich verfolgte alle westlichen Sender und hörte nur bei der Deutschen Welle undeutlich einen Bericht Hermann Poerzgens über Kostjas Beerdigung. Eigentlich weniger über die Beerdigung als darüber, welche wichtigen Leute da waren.

Ein Ausschluß aus der KPdSU, eine fünftägige Verhaftung erregten im Westen oft weit mehr Aufsehen als die Ermordung dieses unberühmten, nicht »großen« Mannes. Einem bekannten Lyriker verweigerte man acht Monate lang die Erlaubnis für eine Amerikareise, was nach den Maßstäben einer zivilisierten Gesellschaft wirklich Unsinn war, und das wurde von der amerikanischen und teilweise sogar der Weltpresse zu Recht an die große Glocke gehängt. Aber zur Ermordung Bogatyrjows erschienen nur ein paar Notizen, das war alles.

Der Fall veranschaulichte deutlich, daß im Inland für das KGB der Mord ein sehr bequemes radikales, billiges und ganz ungefährliches Mittel war, sich eines politischen Gegners oder einer nicht genehmen Person zu entledigen. Um einen Menschen ins Lager oder Irrenhaus zu bringen, mußte man ihn verhaften, eine Untersuchung durchführen, die Gerichtskomödie abziehen, Zeitungsartikel schreiben, unangenehme Fragen beantworten, internationale Treffen absagen oder sie mit gekränkter Miene demonstrativ verlassen. Doch hier genügte eine Preßglasflasche, ein kräftiger Schlag – und man hinterließ viele Spuren (was gut war), aber keinerlei Beweise. Darum wurden die »nassen Sachen« des KGB (die bei ihnen »aktive Maßnahmen« hießen) im Ausland hin und wieder aufgedeckt, im Inland aber nie, nicht ein einziges Mal!

Am Tag von Kostjas Beerdigung oder bald darauf mußte ich einen prominenten sowjetischen Dissidenten kurz aufsuchen. Bei ihm in der Küche saß ein hübscher weiblicher Gast, die Frau eines bekannten amerikanischen Sowjetologen, der einer der engsten Berater des künftigen Präsidenten Jimmy Carter war. Sie trank Tee, aß Kuchen und ließ sich entspannt darüber aus, daß sich in der Sowjetunion allmählich alle Dinge zum Besseren entwickelten.

»Und woran sehen Sie das?« fragte ich sie.

»Nun, man kann zum Beispiel leichter ins Ausland reisen«, sagte sie und nannte den obenerwähnten Lyriker, der gerade in den Tagen seinen Reisepaß für Amerika erhalten hatte.

Und die progressive Weltöffentlichkeit nahm diese Tatsache mit tiefer Befriedigung auf und mit der Hoffnung, dies sei ein gutes Zeichen und das Vorzeichen einer allmählichen Liberalisierung des Sowjetregimes.

Und was die Ermordung irgendeines Übersetzers betraf – gemordet wurde überall, beliebig, für nichts und wieder nichts. Das konnte jedem jederzeit passieren, nicht nur Gegnern des KGB. Viktor Nikolajewitsch Iljin war kein Gegner, sondern Verkörperung dieses Betriebs, doch in den gesegneten Perestroikazeiten, als er bereits auf die Neunzig zuging, begann er, Anzeichen greisenhafter Geschwätzigkeit zu zeigen, was vielleicht die Ursache des Bremsversagens bei dem Lastwagen war, der Viktor Nikolajewitsch zu Boden schleuderte, zerquetschte und eine klebrige Masse auf dem Asphalt zurückließ, die so viele kluge Gedanken, wichtige Information und vielleicht auch ein paar interessante Mutmaßungen zur Ermordung Bogatyrjows enthalten hatte.

Letztes Gespräch mit Serjoga

In vielen Kriminalfilmen habe ich gesehen, wie die dem FBI in die Hände gefallenen Sowjetspione leicht die Überprüfung mit dem Lügendetektor überstanden. Das glaube ich gern. Nicht nur die Spione, alle Sowjetmenschen ohne Ausnahme haben die große Schule der Lüge durchlaufen, die Lüge wurde ihnen beigebracht von Eltern, Kindergärtnerinnen, Lehrern, Zeitungen, Büchern, von Radio, Fernsehen, Parteiorganisatoren und Lektoren der Gesellschaft »Snanie«. In der Schule des KGB-MB aber, glaube ich, erhält der Lernende eine so hohe Ausbildung, daß er den Lügendetektor allenfalls durch eine versehentlich gesagte Wahrheit verwirren kann.

Daran mußte ich denken, wenn ich mit den neuen KGBlern umging. Sie logen einem ins Gesicht, wurden nicht rot, schämten sich nicht, wurden nicht verlegen, wenn man sie ertappte. Serjoga wurde zwar etwas verlegen, aber er kam mannhaft darüber hinweg.

Ich hatte ihn sehr gebeten, mir Frolows Telefonnummer zu geben, und er hatte es getan. Ich rief an, man sagte mir, dies sei nicht Frolows Nummer, er habe eine andere, die sie mir nicht sagen könnten. Wieder rief ich Serjoga an, wieder zeigte er mannhaft Verlegenheit.

»Verzeihung, vielleicht habe ich mich vertan. Ich überprüfe es gleich.«

Er führte ein Gespräch von einem anderen Apparat, ich strengte mein Ohr an und hörte: »Wie? Nicht geben? Gut. Verstanden.« Er nahm das Ge-

spräch mit mir wieder auf: »Wladimir Nikolajewitsch, bei Frolow wird renoviert, die direkte Leitung funktioniert nicht, aber Sie können es über
die Vermittlung versuchen ...«

Sollte ich ihm sagen, daß er log?

Ich sah davon ab, die Vermittlung der Lubjanka
auf ihre Verlogenheit zu prüfen, und sagte zu Serjoga, daß ich den Verkehr mit ihm und generell
mit dem Staatssicherheitsministerium abbräche.
Doch möge er mir bitte zum Schluß noch einmal
gut zuhören und Frolow folgendes übermitteln:
Das Staatssicherheitsministerium hat die vom Präsidenten des Landes sanktionierte Nachforschung
bewußt hintertrieben; die Erklärungen hinsichtlich der Schwierigkeit der Nachforschung sind
lächerlich und beweisen nur, daß das Staatssicherheitsministerium daran interessiert ist, zumindest
im vorliegenden Fall – aber auch in anderen – das
Verbrechen unter Verschluß zu halten, und daß es
die Verbrecher deckt. Das ist offensichtlich für
mich und jeden unvoreingenommenen Menschen,
und es wird offensichtlich sein für alle Leser des
Berichts, den ich erstelle. Ich gebe dem Ministerium eine letzte Chance, auf den Inhalt meines Berichts Einfluß zu nehmen und zu beweisen, daß es
im Unterschied zum KGB die Wahrheit nicht
fürchtet. Bringen Sie irgendein Dokument aus
dem Jahr 1975 bei, eine Anfrage, einen Bericht,
Rapport oder Vortrag, der eine Antwort auf meine
Anschuldigungen enthält. Gibt es ein solches Papier nicht, laden Sie mich und zwei unabhängige
Experten ein, legen Sie ihnen die Beweise vor, die

Sie für ausreichend halten, oder erklären Sie, warum sie nicht vorgelegt werden können. Organisieren Sie eine Gegenüberstellung mit »Zacharow« (wenn es schon mit »Petrow« nicht geht), und wir werden sehen, ob er etwas sagt oder nicht, sagt er nichts, fragen wir ihn, warum nicht, und wenn er etwas sagt, werden wir uns überlegen, ob wir ihm glauben oder nicht.

Ich ließ dem Staatssicherheitsministerium genügend Zeit, die Logik meiner Forderungen zu beurteilen und die notwendigen Folgerungen daraus zu ziehen. Eine Folgerung zogen sie anscheinend: daß sie sich mit jedem neu vorgelegten »Beweis« in eine noch dümmere Lage brachten, und daß es besser war, gar nichts zu sagen. Das Geheimnis, das ich ihnen hatte entlocken wollen, war ihnen so teuer, daß sie um seinetwillen in Kauf nahmen, als Lügner, Betrüger und Saboteure einer präsidentialen Anweisung dazustehen.

Die ganze Gesellschaft war vergiftet

Während meiner Bemühungen, die benötigten Informationen in der Lubjanka zu erhalten, zog ich auch anderswo Erkundigungen ein und erfuhr durch einen Gewährsmann (der ungenannt bleiben möchte) die wahren Namen meiner Gegner im Metropol – nach achtzehn Jahren! Derjenige, der sich mir als Petrow vorgestellt hatte, hieß in Wirklichkeit Pass Prokofjewitsch Smolin (sein Vater war vermutlich Fußballfan). Zur Zeit meiner Vergiftung war Smolin Abteilungsleiter, aber nicht

irgendeiner, sondern der Forschungsabteilung.
»Wieso Forschungsabteilung?« fragte ich. »Was
hat meine Vergiftung mit Forschung zu tun?« –
»Und ob sie etwas damit zu tun hat«, entgegnete
mein Informant. »Es war schließlich ein wissen-
schaftliches Experiment.« Bald nach meiner Vergiftung, vielleicht auch in Zusammenhang damit,
war Smolin von der »wissenschaftlichen« For-
schungstätigkeit abberufen und – Bestrafung mit
Beförderung – zum Referatsleiter in Saratow (also
nicht in Karaganda) ernannt worden, wo er sich in
der Tat zum General hochdiente; dann ging er in
Pension und kehrte wohl nach Moskau zurück.
Und der sogenannte Gennadij Iwanowitsch Zacharow hatte damals nur wenig phantasiert, hatte
sein Pseudonym von seinem richtigen Namen Zarejew hergeleitet und es bei seinem Vor- und Va-
tersnamen belassen. Was Zarejew derzeit tut, weiß
ich nicht, aber vor ein paar Jahren hatte er eine Position, die in voller Länge hieß: »Stellvertretender
Referatsleiter der WAAP für den Im- und Export
von Rechten an Belletristik und Kunst«. Das erfuhr ich aus der Zeitung »Sowjetskaja Rossija«
vom 13. September 1987, wo dieser Verteidiger der
Rechte die westlichen Verleger aufrief, mit der
WAAP auf »ehrlicher, gerechter und humaner Basis« zusammenzuarbeiten.

Ende Mai 1993 fand in Moskau ein internatio-
naler Kongreß unter dem Titel »KGB – gestern,
heute, morgen« statt, der erstaunlichste Kongreß,
auf dem ich je war. Ihm verdanke ich meine letzten
Informationen. Es nahmen frühere Dissidenten,

218

Journalisten, Schriftsteller, Regierungsmitglieder, ehemalige und jetzige Mitarbeiter des KGB-MB daran teil. Die Ehemaligen kritisierten ihren früheren Dienst, aber oft nicht unter dem Aspekt, unter dem ich es gern gesehen hätte. Einen Exdirektor des wissenschaftlichen Forschungsinstituts des KGB der UdSSR hatte die KGB-Führung dadurch erbittert, daß sie der wissenschaftlichen Forschung zu wenig Aufmerksamkeit zuteil werden ließ (ein Glück, daß es zu wenig war, sonst hätten sie uns alle vergiftet). Ein anderer jammerte etwas von Bürokratismus und Karrierismus.

Die jetzigen Mitarbeiter des Staatssicherheitsministeriums rechtfertigten ihren Dienst und ihre alten Kader mit der Feststellung, jeder Staat sei auf die Verteidigung seiner Sicherheit angewiesen und damit könnten sich nur gut ausgebildete und erfahrene Profis befassen, also sie.

Theoretisch stimme ich ihnen zu, aber konkret habe ich meine Zweifel an den Profis des KGB. Sie sind grundsätzlich nur dazu ausgebildet und abgerichtet, von ihnen selbst (oft aufgrund von Erfindungen irgendwelcher Amateurspitzel) angerührte Sachen zu kochen, sie können Leute dazu bringen, sich gegenseitig und sich selber anzuschwärzen, können lügenhafte Aussagen, Geständnisse und Beichten erpressen, in Hauseingängen schwachen Intellektuellen den Kopf einschlagen und einem unaufmerksamen Menschen Gift unterschieben, indem sie ihn mit dem simpelsten Trick ablenken: sieh mal, ein Vögelchen! Aber daß derartige Spezialisten fähig wären, reale Pläne aufzudecken, mit realen Spionen, Terroristen und Saboteuren zu kämpfen, glaube ich, ehrlich gesagt, nicht. Gar nicht zu reden von der moralischen und praktischen Überlegung, ob man das Schicksal eines Staates, der noch gar nicht richtig auf eigenen Füßen steht, Leuten anvertrauen kann, die zu Lüge, Fälschung, List und Meuchelmord erzogen sind.

Auf dem Kongreß »KGB – gestern, heute, morgen« berichtete ich in einem Vortrag von meiner Suche und meinen Funden. Ich zählte treuherzig alle mir vorgelegten Beweise für meine Nichtvergiftung auf und wiederholte die Märchen von dem einzelnen Aktendeckel, von dem Verschwinden sämtlicher Spuren, von dem unauffindbaren Smolin und dem aussageunwilligen Zarejew. Die Argumente meiner Gegenspieler erschienen dem Fachpublikum im Saal so wenig schlüssig, daß jedes mit einer Lachsalve bedacht wurde. Und ich hatte kaum die Rednerbühne verlassen, als auch schon die KGB-MB-Leute auf mich zukamen und mir – der eine laut, der andere im Flüsterton, der dritte aus Angst vor Lauschern auf der Damentoilette – alles sagten, was sie wußten. Sie bestätigten, daß 1975 Smolin, damals noch Oberst, und Hauptmann Zarejew mit mir befaßt waren. Außerdem habe Smolin selber um diesen gefährlichen (für wen?) Auftrag nachgesucht (wohl um schon damals General zu werden), und hinter ihm habe wahrscheinlich noch ein gewisser Zurkan gestanden (laut Beschreibung eines der Informanten »so ein Schwarzer, sah aus wie ein Zigeuner, war der Nationalität nach aber Moldawier«), ein Spezialist im Einsatz chemischer Mittel gegen Personen, wie man mir zu verstehen gab. Als sie mich im Hotelzimmer mit dem Gift traktierten, war er möglicherweise hinter der erwähnten Portiere verborgen oder hielt sich in einem benachbarten Zimmer auf, wo Zarejew ihn zur Beratung über den Verlauf des Experiments kurz aufsuchte.

Desgleichen erfuhr ich in den Wandelgängen, daß die Gifte im Laboratorium Nr. 12 irgendwo an der 3. Meschtschanskaja uliza hergestellt und in ihren Anwendungsmöglichkeiten gegen Menschen getestet wurden und noch werden.

Am Ende des Kongresses gab es ein Festbankett mit Besäufnis und allgemeiner Verbrüderung. Zu mir kamen unsere tollen Tschekisten und baten um meine Unterschrift, nein, nicht unter ein Verhörprotokoll, sondern in ein Buch von mir oder jemand anderem oder auf die Papierserviette. Alle ohne Ausnahme erwiesen sich als Leser und Verehrer meiner Bücher, besonders des »Tschonkin«, um dessentwillen sie mir in jüngst vergangener Zeit in Erfüllung ihrer Dienstpflicht hätten den Garaus machen können. Ich sah sie voll Neugierde an. Eigentlich ganz normale Menschen, aber irgendwie doch nicht. Was auch immer sie jetzt sagten, zu ihrer Zeit hatten sie sich zum Teil jahrelang mit etwas abgegeben, zu dem die Mehrzahl der Menschen nicht imstande war, unter keinen Umständen. Was hatte sie dahin gebracht? Der blinde Glaube an die Ideologie (die sie mit Idealen verwechselten)? Die Romantik des Spionendaseins? Zynismus? Karrierevorstellungen? Vielleicht das eine wie das andere, aber viele, glaube ich, hatte einfach ihre kriminelle Neigung auf diesen Weg geführt und dazu die Möglichkeit, ihr ohne Risiko zu frönen. Und verlassen hatten sie ihr Büro auch aus unterschiedlichen Gründen. Die einen (die wenigsten), weil sie sich ihres Diensts schämten (wie sollte man die von den anderen unterscheiden?), die anderen aus enttäuschter Erwartung, die Mehrzahl sicher aber aus dem gleichen Instinkt, aus dem die Ratten das sinkende Schiff verlassen.

Wie auch immer, jetzt war man beisammen, aß, trank, wanderte von einem Tisch zum andern.

Gegen Ende des Banketts fand ich mich an einem Tisch mit dem früheren KGB-General und späteren Dissidenten Oleg Kalugin, und ich ließ es mir nicht entgehen, ihn nach seiner Meinung zu meiner Geschichte zu fragen.

»Also«, sagte Kalugin, »meiner Ansicht nach haben Sie alles richtig eruiert. Gegen Sie wurde vermutlich ein Mittel verwendet, das unter der Kategorie ›brain damage‹ läuft. Diese Mittel wurden mehrfach eingesetzt, zum Beispiel gegen den Iren Sean Burke. Zunächst hatte er uns bei George Blake geholfen, Sie wissen, dieser Mann, der in der englischen Spionageabwehr tätig war, dann für uns arbeitete, enttarnt und verhaftet wurde. Sean Burke organisierte Blakes Flucht aus dem Gefängnis in die Sowjetunion und floh mit ihm. Aber nach einiger Zeit kriegte er Heimweh und wollte zurück. Man redete lange auf ihn ein, um ihn davon abzuhalten, aber er bestand darauf. Da verpaßte man ihm brain damage und ließ ihn ziehen.

Als er in England ankam, konnte er sich schon an nichts mehr erinnern. Er trank nur und quatschte im betrunkenen Zustand irgendwelchen Blödsinn, den kein Mensch verstehen konnte. Und bald darauf starb er. Es gibt auch noch ein Mittel, wenn man damit, sagen wir, das Lenkrad einreibt, dann erleidet derjenige, der es anfaßt, auf der Stelle einen tödlichen Infarkt. Ursprünglich hatte man dieses Mittel gegen den Bulgaren Georgij Markow einsetzen wollen, aber dann bekam man es mit der Angst, es könnte sich plötzlich jemand anders ans Steuer setzen und es anfassen.«

Wir waren beide angeheitert, und ich fragte, ob es denn schlimm sei, wenn jemand anders es anfaßte und starb?

»Natürlich nicht«, mußte Oleg Kalugin lachen, »nur vergrößert jede zusätzliche Anwendung dieses Zeugs das Risiko, daß man uns draufkommt. Darum hat man es sich noch mal überlegt und ist auf die Idee mit dem schießenden Regenschirm gekommen.«

Entschlossen, aus diesem Gespräch den maximalen Nutzen zu ziehen, fragte ich Kalugin, was er von der Ermordung Bogatyrjows hielt.

»Ich weiß nicht«, sagte er, »ich glaube nicht, daß sie ihn absichtlich erschlagen haben. Vielleicht wollten sie ihm nur eine Lehre erteilen und haben etwas zu kräftig hingelangt.«

Vielleicht. Obwohl ich mich an die Geschichte von der Knochenverdickung erinnere, an die Vermutung des Arztes, daß die Mörder eben gerade nicht kräftig genug zugeschlagen hatten, und an die aktiven Bestrebungen der KGBler, sich den Mord gutzuschreiben.

Ein anderer ehemaliger KGB-Mann, der nicht genannt werden will, äußerte sein Erstaunen darüber, wie exakt ich nach der Vergiftung meinen Zustand beurteilt hatte. Auch bezüglich der Zigaretten habe ich mich nicht geirrt, meinte er, und vermutlich habe das Mittel deswegen weniger Wirkung gezeigt, weil der Organismus es mit dem Tabakrauch aufgenommen hatte und nicht mit der Nahrung oder einem Getränk. Allerdings hätten die Giftmörder meine Bearbeitung als noch nicht abgeschlossen betrachtet, da Smolin mich ja zu einem erneuten Treffen nach zwei Wochen aufgefordert hatte. Da aber sei es wahrscheinlich nach dem Wirbel, den ich mittlerweile veranstaltet hatte, kaum noch möglich gewesen, die Genehmigung zur Fortsetzung der Operation zu bekommen. Allzu offensichtlich war, wer hier mit weißem Faden nähte, und unter eine solche Naht hatten sicher weder Andropow noch diejenigen, an die Exemplar Nr. 1 und 2 seines Briefs gerichtet waren, ihren Namen setzen wollen.

Offen gestanden hatte ich von meinem Auftritt vor dem Kongreß erwartet, daß auch diesmal die aktiven KGB-Leute meine Worte an sich vorbeirauschen lassen würden. Aber siehe da, dieser Kongreß trug mir neben all den inoffiziellen auch ein offizielles Geständnis ein. Am Ende des dritten Tages betrat Jurij Korotkij als Repräsentant der Aktiven die Rednerbühne und sprach leicht und lyrisch jene Worte aus, die man in Tafeln eingravieren und in den Granitsockel der Lubjanka-festung einmeißeln sollte und die wir hier mit unseren begrenzten Möglichkeiten einfach in Fett-schrift hervorheben:

»Ja«, bekannte er, »**wir haben Woinowitsch ver-giftet, aber unsere ganze Gesellschaft war doch vergiftet.**«

Ich kenne eine sehr dumme Frau, die die Zu-sammenhänge nicht versteht, am Zahltag ihre Tau-sende von Kupons durchzählt und bekümmert seufzt: »Dieses Gehalt vor zehn Jahren bei den da-maligen Preisen – wenn man das gehabt hätte.«

Ja, wenn man das gehabt hätte, dieses Geständ-nis, aber schon vor achtzehn Jahren.

Doch auch heute ist es nicht ganz ohne Wert.

Hinsichtlich der Gesellschaft hat Jurij Korotkij recht. Siebzig Jahre lang sind die Hirne Brain-da-mage-Mitteln in Nahrung, Wasser und Luft ausge-setzt gewesen, siebzig Jahre lang sind diese in Form von Propaganda über Augen und Ohren aufge-nommen worden.

Was den vorliegenden konkreten Fall betrifft, so sei dem Staatssicherheitsministerium für seine all-gemeingehaltene und verspätete Bestätigung ge-dankt, doch bleibt ein regelrechter Rechenschafts-bericht weiterhin zu wünschen, mit präzisen (und nicht empirisch erschlossenen) Antworten auf alle noch immer anstehenden Fragen, nämlich: Wer war der Initiator der geschilderten Operation, was war ihr eigentliches Ziel, welches Mittel wurde verwen-det (die chemische Formel), wer hatte es erforscht und wo (genau und nicht ungefähr), gegen wen (abgesehen von Sean Burke und mir) wurden derartige chemische Mittel eingesetzt, in welchem Umfang und in welcher Dosis? Welche Garantien gibt es, daß man uns in Zukunft nicht vergiftet? Mich persönlich interessiert noch, warum dieses Ministerium, dem ich nicht für einen Pfennig glaube, eigenmächtig entscheidet, welche Geheimnisse es wie streng wahren will, warum es sich nicht dem Präsidenten unterordnet, warum Archive vernichtet werden, wer auf welcher Ebene deren Vernichtung beschließt und ob man dem nicht Einhalt gebieten kann. Auch wäre es interessant zu erfahren, warum der Stellvertretende Minister (über den Minister selbst kann ich nichts sagen), obwohl er aus dem Innenministerium kommt, nicht schlechter lügt als ein Tschekist und warum er lügt. Warum er sich nicht scheut, die Anweisung des Präsidenten dieses Landes nicht zu befolgen. Heißt das, daß die Anweisung nicht ernstlich erteilt wurde oder daß dort der Präsident nicht ernstgenommen wird? Jedwede Antwort auf diese Frage führt zu dem Schluß, daß die Staatssicherheitsorgane eine bedrohliche Macht bleiben, die in dem Augenblick, wo es nötig erscheint, gegen uns gerichtet werden kann. Ich weiß nicht, worin sich das heutige MB vom früheren KGB prinzipiell unterscheidet (meines Erachtens nur in der Buchstabenkombination und in der – zuverlässigen? – Beschränktheit seiner Möglichkeiten), doch mit dem vorliegenden Bericht ist dieses Ministerium überführt, Verbrechen geheimzuhalten und Verbrecher zu decken. Und das allein ist schon ein Verbrechen.

226

Nachwort

Wir leben wie während eines Erdbebens. Vor unseren Augen stürzt alles ein, was unerschütterlich schien, und das Bild der Zerstörung wandelt sich jeden Augenblick, auch wenn es sich aus denselben Ziegelsteinen zusammensetzt.

Während ich dieses Manuskript zur Ablieferung in der »Snamja«-Redaktion fertigstellte, wurde W. Barannikow als Sicherheitsminister abgesetzt. Als ich den Umbruch las, saß er schon im Lefortowo-Gefängnis ein. Einige raten mir, diese Situation auszunützen, meine Nachforschungen fortzusetzen und ein Treffen mit meinen beiden Giftmischern durchzusetzen. Ich werde das nicht tun. Privat habe ich nichts mit ihnen zu besprechen, und sollte der Staatsanwalt mit ihnen zu sprechen wünschen, so kann er diesen Text zum Anlaß nehmen.

Mich interessieren nicht einzelne Schurken, sondern eine Gesamtlösung des Problems.

Hier nähern wir uns der Frage, wie wir es mit all diesen Leuten halten sollen, die in jüngster Vergangenheit den Staat regiert haben, im KGB als feste oder freie Mitarbeiter tätig waren, die Unschuldige verurteilt, Hetzartikel geschrieben, schändliche Briefe unterzeichnet, Familien zerschlagen, Menschen in Lager oder Irrenanstalten geschickt und die mit Gift oder Pflasterstein gemordet haben. Sollen wir sie verurteilen? Ihnen verzeihen? Sie vergessen?

Auf dem Kongreß »KGB – gestern, heute, morgen« wurde auch die Frage der Lustration, der

Durchmusterung, angeschnitten, das heißt die Beschränkung des Zugangs zu wichtigen Staatsämtern für ehemalige Parteifunktionäre, feste Mitarbeiter des KGB und Geheiminformanten. Natürlich waren die kategorischsten Kritiker dieser Idee die alten Parteibosse und KGB-Mannen. Sie waren ausnahmslos der Ansicht, eine solche Durchmusterung sei antidemokratisch, inhuman und amoralisch. Die entschiedensten Gegner der Todesstrafe wären sicher auch die zum Tod verurteilten Mörder. Die Gegner der Idee wiesen auf die Gefahr hin, daß so etwas leicht in eine Hexenjagd ausarten könnte, und das ist auch sehr wahrscheinlich – sie selbst würden diese Jagd anführen und nicht sich selber fangen. Auf dem Kongreß erklang sehr oft das Wort »Barmherzigkeit«, meist fehl am Platz und restlos mißverstanden. Barmherzigkeit kann man jedem Menschen erweisen, auch dem Verbrecher und sogar dem allerschlimmsten Verbrecher, wenn ihm eine strenge Strafe droht. Aber, ihr Herren Aphorismusliebhaber, schreibt euch eins hinter die Ohren: *Bevor man dem Verbrecher Barmherzigkeit erweisen kann, muß man ihn haben.* Doch er, obwohl allen bekannt, läuft frei herum und geizt nicht mit seiner Meinung über die allgemeine Schuld, die er gern gleichmäßig auf alle verteilt.

Zur Verteidigung der heutigen KGB-Organe wird oft argumentiert, sie seien eine so gut wie neutrale Macht, die früher auf den Schutz eines totalitären Systems ausgerichtet war, jetzt aber ebenso erfolgreich die Demokratie schützen könne.

228

Nun ja … In Indien, heißt es, behüten dressierte Kobras, die sich um die Bettpfosten ringeln, zuverlässig den Schlaf der Kleinkinder.

Moskau – München, 1993

Sozialkritik und Humor zeichnen die Bücher von Wladimir Woinowitsch aus

Wladimir Woinowitsch

Moskau 2042

Roman
Aus dem Russischen von Swetlana Geier.
442 Seiten. Serie Piper 1043

»Wladimir Woinowitsch ist eine überpurzelnde Groteske gelungen, voll von Einfällen und kühnen Perspektiven. Seine Satire läßt in dieser Zukunftsschau nichts Menschliches und Allzumenschliches aus, so daß ein ungemein spannungsvolles und an witzigen Schlaglichtern reiches Buch gelang.«
Otto F. Beer

Die Mütze

Erzählung
Aus dem Russischen von Swetlana Geier.
124 Seiten. Serie Piper 1305

Eine brillante Satire auf den sowjetischen Literaturbetrieb und die Nomenklatura.

PIPER